编委会

中等职业院校"十四五"规划旅游服务类系列教材

总主编

叶娅丽　成都纺织高等专科学校教授

　　　　成都旅游导游协会副会长

　　　　四川教育学会研学实践专业委员会学术专委会秘书长

编　委（排名不分先后）

庄剑梅　成都工程职业技术学校　高级教师

张　力　成都市礼仪职业中学　高级教师

徐永志　成都电子信息学校　一级教师

刘　燕　成都电子信息学校　一级教师

李玉梅　成都电子信息学校　一级教师

廖　蓉　成都市蜀兴职业中学　一级教师

吴志明　四川省会理现代职业技术学校　一级教师

周　艳　南充文化旅游职业学院　讲师

李　桢　四川省宜宾市职业技术学校　一级教师

汪远芳　三台职业技术学校　高级教师

刘斯瑷　富顺职业技术学校　一级教师

任　英　四川省峨眉山市职业技术学校　一级教师

黄克友　青川县职业高级中学　高级教师

王惠全　四川省广元市职业高级中学校　高级教师

王叔杰　四川省南江县小河职业中学　高级教师

朱轶轶　四川省工业贸易学校　高级教师

林　玲　四川省工业贸易学校　一级教师

舒小朵　成都天府新区职业学校　一级教师

中等职业院校"十四五"规划旅游服务类系列教材

总主编 ◎ 叶娅丽

旅游服务礼仪

Lvyou Fuwu Liyi

主 编◎张 力

副主编◎何丽均 李珊珊 朱轶轶

参 编◎邓 涛 辜丽娜 陈 莉

华中科技大学出版社

http://press.hust.edu.cn

中国·武汉

内 容 简 介

　　本教材体系紧密结合旅行社、景区主要对客服务岗位中的服务礼仪要求、人际交往技巧,注重"工学结合""理实一体"。作为旅游服务与管理专业的重要基础课程教材,本教材突出"任务引领、学生主体"的指导思想,学生可通过多轮次、多主题的训练全真模拟服务岗位礼仪训练和人际交往训练。

　　本教材可作为中职旅游服务与管理专业、导游专业、景区服务与管理等专业的配套教材,可以与《模拟导游》《职业生涯规划》《旅行社业务》《计调实务》《景点讲解服务》等教材配套使用,能够指导各专业学生的课内、外实训。同时,本教材还适用于旅行社、景区接待人员的入职培训及岗位服务标准化培训。

图书在版编目(CIP)数据

旅游服务礼仪/张力主编.—武汉:华中科技大学出版社,2020.7(2024.8重印)
中等职业教育旅游类示范院校"十四五"规划教材
ISBN 978-7-5680-6321-0

Ⅰ.①旅…　Ⅱ.①张…　Ⅲ.①旅游服务-礼仪-职业高中-教材　Ⅳ.①F590.631

中国版本图书馆 CIP 数据核字(2020)第 126813 号

旅游服务礼仪
Lüyou Fuwu Liyi

张　力　主编

策划编辑:胡弘扬　李　欢
责任编辑:李家乐
封面设计:原色设计
责任校对:刘　竣
责任监印:周治超
出版发行:华中科技大学出版社(中国·武汉)　　　电话:(027)81321913
　　　　　武汉市东湖新技术开发区华工科技园　　　邮编:430223
录　　排:华中科技大学惠友文印中心
印　　刷:武汉科源印刷设计有限公司
开　　本:787mm×1092mm　1/16
印　　张:10.25
字　　数:236 千字
版　　次:2024 年 8 月第 1 版第 3 次印刷
定　　价:39.80 元

总序
ZONGXU

2019年2月13日,国务院发布了《国家职业教育改革实施方案》,明确指出,坚持以习近平新时代中国特色社会主义思想为指导,把职业教育摆在教育改革创新和经济社会发展中更加突出的位置。优化教育结构,把发展中等职业教育作为普及高中阶段教育和建设中国特色职业教育体系的重要基础。建设一大批校企"双元"合作开发的国家规划教材,倡导使用新型活页式、工作手册式教材并配套开发信息化资源。为了落实《国家职业教育改革实施方案》意见,打造"以职业能力目标为导向,构建基于工作体系的中职课程体系",华中科技大学出版社组织编写了中等职业教育旅游类示范院校"十四五"规划教材。该套教材具有以下几个特点。

1. 理念先行,调研在前

本着务实的态度,我们在编写前对全国百余所中职旅游类学校进行了问卷调研,了解各校的专业建设、课程开发及教材使用等情况;举办了中职旅游类教材建设研讨会,对每本大纲进行了研讨和修改,保证了本套教材体例和内容的一致性;采访了中职旅游类专业负责人、一线教师和用人单位,了解了中职教育的现状和存在的问题,明确了教材编写的要求。在经过充分调研的基础上,汇聚一大批全国高水平旅游院校学科带头人,合力编写了该套教材。

2. 定位准确,强调职教

职业教育的目的是培养应用型人才和具有一定文化水平和专业知识技能的劳动者,与普通教育相比较,职业教育侧重于实践技能和实际工作能力的培养。本套教材没有盲目照搬普通教育模式,而是根据旅游职教模式自身的特点,突出了旅游工作岗位的实践技能和实际工作能力的培养。

3. 立足中职,衔接高职

2014年国务院颁布了《关于加快发展现代职业教育的决定》,明确指出,建立健全课程衔接体系。推进中等和高等职业教育培养目标、专业设置、教学过程等方面的衔接,形成对接紧密、特色鲜明、动态调整的职业教育课程体系。高等职业学校重点是培养服务区域发展的高素质技术技能人才,而本套教材是按照中等职业教育的要求,强化了文化素养,围绕培养德智体美全面发展的高素质劳动者和技能型人才来编写的,重点培养旅游行业的高素质劳动者和技能型人才。

4.对接企业岗位,实用性强

该套教材按照职业教育"课程对接岗位"的要求,优化了教材体系。针对旅游企业的不同岗位,出版了不同的课程教材,如针对景区讲解员岗位出版了《景区讲解技巧》《四川景区讲解技巧实训》等教材;针对旅行社导游出版了《导游基础知识》《导游实务》等教材;针对前厅服务员出版了《前厅服务实训》《旅游服务礼仪》等教材,保证了课程与岗位的对接,符合旅游职业教育的要求。

5.资源配备,搭建教学资源平台

该套教材以建设教学资源数据库为核心,每本书配有图文并茂的课件,习题及参考答案,考题及参考答案,便于教师参考,学生练习和巩固所学知识。

叶娅丽

2020 年 3 月 10 日

前言
QIANYAN

我们常说,旅游,应该是一种有温度的记忆;旅游业,应该是一种有温度的产业;旅游服务,应该是一种有温度的体验。为了达到这种舒适的温度,服务礼仪无疑是最好的催化剂。

在旅游活动中,礼仪对旅游者和旅游从业者是同等重要的,它决定着旅游的文明程度和舒适度;在旅游服务中,礼仪对服务品质和目的地形象的渲染作用不可小视,它决定着服务的口碑和目的地的氛围;在旅游营销中,礼仪对形象推广和市场拓展有着推波助澜的作用,它影响着旅游者对旅游企业和旅游行业的综合感受;在职业素养中,礼仪是最直观体现职业人内涵和素质的窗口,它内化于心,外化于行,彰显着旅游人的品质和综合素质。在新冠疫情后,我国旅游逐步复苏的过程中,我们更需要这份温暖,它也更会让人难以忘怀。

正因为如此,我们认为旅游,有礼会行遍天下;服务,有礼会深得人心;从业者,有礼会感染同行;用心者,有礼会光彩四射。

一、编写背景

旅游业的稳定发展需要大批职业素养较强,富有责任感的实用人才。我们需要大力推动旅游教育人才培养模式改革,提升教育质量。继续实行并不断完善订单培养、定制培训、学生顶岗实习等多种形式的校企合作模式。推动实施人才培养的"工学结合"模式,深化教学与生产经营一体化的旅游院校实习实训基地建设。推动旅游院校落实"双证书"制度,将专业课程设置与考取职业技能等级证书相结合。

旅游从业者是旅游的灵魂,在旅游服务中永远处于主导地位。旅游服务的质量决定着旅游产品的价值和使用价值,标志着旅游舒适度的高低。显而易见,实用型旅游接待人才的培养是旅游业良性发展的重要基石之一。《"十三五"旅游人才发展规划纲要》中指出,为提升旅游人才素质和畅通旅游人才职业发展通道,实施"旅游人才队伍优化工程"。加强诚信管理,提升道德素质。加大旅游人才教育培训力度,完善以院校培养为基础、在职培训为重点的旅游人才教育培训体系,提高综合素质。为了适应新的旅游环境,满足各种旅游者的需要,树立我国旅游业的新形象,需要建立一支高素质的服务人才队伍,各旅游院校旅游服务与管理、景区服务与管理、旅游管理、旅行社管理、导游等相关专业在向行业输送优秀实用人才上责无旁贷。我们相信,在《"十四五"旅游人才发展规划纲要》中,以上要求同样会延续传承。

在《中等职业学校旅游服务与管理专业教学标准》中,"旅游服务礼仪"课程是其中一门重要的专业基础课,课程知识和技能的掌握将有利于学生在旅游服务业中的职业形象打造,做有礼之人,行有礼之道,从而在服务中树立更好的个人口碑和企业口碑。

二、编写特色

教材从实用、适用、活用的角度出发,为中等职业学校旅游服务与管理专业、导游专业、景区服务与管理等专业学生了解职业礼仪和交往基础知识、技能提供帮助。

教材体系紧密结合旅行社、景区主要对客服务岗位中的服务礼仪要求、人际交往技巧,注重"工学结合""理实一体"。同时,结合《旅行社服务通则》(GB/T 31385—2015)、《导游服务规范》(GB/T 15971—2010)、《旅游景区服务指南》(GB/T 26355—2010)、《旅游景区讲解服务规范》(LB/T 014—2011)、《导游管理办法》(2018 年 1 月实施)等标准化文件细则,将标准化服务要求与教材内容有效融合。

本教材根据旅行社、景区主要对客服务岗位工作内容设计了若干训练任务。在每个任务中,首先对于完成任务需要用到的相关知识进行叙述,并辅以实际工作中的真实案例,告诉学生"做什么、怎么做、如何做好、如何评价";然后针对相关任务进行实战情景设计,学生可以在设定的场景中完成各项练习;最后教师根据行业岗位实际评价标准对学生练习的情况给予评价。作为旅游服务与管理专业的重要基础课程教材,本教材突出"任务引领、学生主体"的指导思想,学生可通过多轮次、多主题的训练全真模拟服务岗位礼仪训练和人际交往训练。

本教材可作为中职旅游服务与管理专业、导游专业、景区服务与管理等专业的配套教材,可以与《模拟导游》《职业生涯规划》《旅行社业务》《计调实务》《景点讲解服务》等教材配套使用,能够指导各专业学生的课内、课外实训。同时,本教材还适用于旅行社、景区接待人员的入职培训及岗位服务标准化培训。

教材所涉及的内容,完全依照中职旅游服务与管理专业、景区服务与管理等专业目标就业群和旅行社、景区主要对客服务岗位的工作内容、职责确定。特色表现如下表。

序号	特色	体现
1	突出质量标准	教材内容模块与国家、行业服务质量标准体系结合
2	突出实施能力	能力培养突出旅行社、景区主要对客服务岗位的服务礼仪和人际交往能力打造
3	突出场景实训	场景设计紧密接轨行业实践,强调时效性、动态性
4	突出客源类型	客源细分,与行业客源主要类型接轨
5	突出企业参与	领先企业、优势企业管理、骨干人员参与实训任务设计

三、教学方法

"旅游服务礼仪"是具有实用性和操作性特征的专业基础课程。在教学中,需要将课堂讲授与任务实训有效结合,重点放在对学生实际操作能力和协调应变能力的训练培养。

(一)礼仪和用心沟通的强化

岗位服务礼仪、人际交往知识是本专业学生必须掌握的专业基础知识。教师在讲授、分析的基础上,更应通过演练强化理解。如服务礼仪中的灵活应变、人际交往中的有效沟通等,需要通过多次强化训练形成一种稳定的能力。

（二）礼仪和服务质量的强化

旅游业的发展实践表明,标准化是旅游产业素质提升的基础。产业品质和服务质量是旅游业发展的生命线,标准化是提高旅游业质量层次的必由之路。为贯彻落实《国务院关于加快发展旅游业的意见》提出的以标准化为手段,健全旅游标准体系等一系列要求,围绕"把我国旅游业培育成国民经济的战略性支柱产业和人民群众更加满意的现代服务业"两大战略目标,文化和旅游部将文化和旅游标准化建设列为重点工作之一。因此,教学中除了强化基础知识的掌握外,还应通过实训巩固服务质量,提升服务水平,让服务对象感受到更高的旅游舒适度。同时,让学生形成根据客源特点进行针对性、柔性化服务的职业习惯,将服务意识与质量意识紧密结合。

（三）礼仪和应变协调的提升

协调能力是旅游接待工作的核心技能之一,应变能力是专业学生综合素质的集中体现。强化灵活的应变技巧和处理问题的技巧是专业课程的重点目标之一。协调、应变能力的训练应与行业最新案例紧密结合,同时以规范和标准化为出发点,调动学生主动寻求问题答案的积极性,鼓励学生针对同一案例设计不同的解决途径。

本教材内容涵盖旅行社导游员、旅行社门店接待员、景区讲解员、景区游客接待中心咨询员等典型岗位应具备的服务礼仪和人际交往基础知识。本课程更注重的是对职业礼仪和人际交往知识的夯实和在服务中的灵活运用。学生通过系统的学习,为以后从事旅行社、景区接待服务工作奠定扎实的知识基础和技能基础。同时,本教材也为扩大专业学生就业面,适应旅行社、景区的就业多方位需要提供助力。在一定程度上,也能为中职学生的进一步学历提升和中高职衔接能力素质培养提供帮助。

由于编写水平有限,不足之处在所难免,真诚欢迎各位教材使用者批评指正。

张 力

2020 年 5 月

目录
MULU

模块一

礼仪入门

项目一
认知礼仪与旅游职业礼仪

项目目标

职业知识目标：

1.通过本项目教学内容的学习，掌握礼仪和旅游职业礼仪的内涵、特点和重要作用，熟悉其与职业素养之间的关系。

2.掌握旅游职业礼仪与服务提升之间的互促关系。

职业能力目标：

1.通过本项目的训练环节，能分析自身言行与旅游职业礼仪要求之间的差距，找准短板。

2.通过对旅游职业礼仪构成要素的了解，能有针对性地收集相应案例，进行初步分析。

职业素养目标：

1.强化礼仪及职业礼仪在生涯发展中的作用。

2.初步打造职业礼仪意识，形成自觉习惯。

知识导图

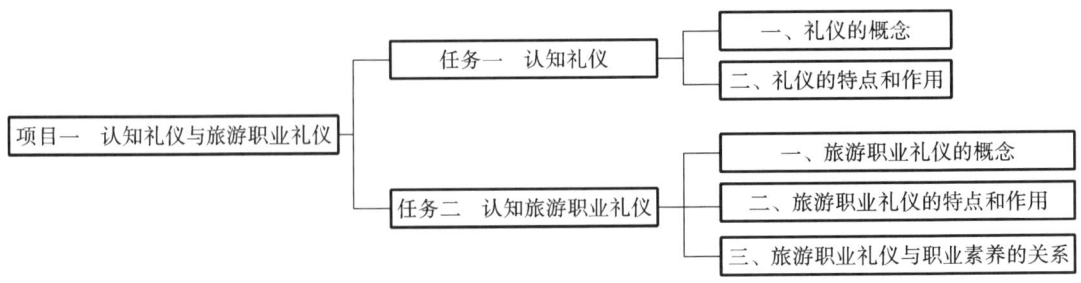

任务聚焦

1. 礼仪与旅游职业礼仪的重要作用。
2. 旅游职业礼仪与职业素养之间的关系。
3. 旅游职业礼仪与服务提升之间的相互促进。
4. 意识培养、习惯养成。

情景导入

小蓉在博物馆实训的第一个岗位是展馆讲解员。在服务时,她十分注意培训中的站姿要求,认为服务过程中应多采用标准站姿。但接待了一批商务型游客后,游客却这样与她交流:"小蓉,你的讲解很规范,让我们知道了许多博物馆微信公众平台上看不到的知识。你的站姿也挺标准,但老让我们感觉一板一眼的。其实,我们出来考察都希望保持一种放松的心态,不希望绷得太紧。以后的讲解其实可以更放松些,你放松了,我们也会更轻松地跟着你走,这样其实更舒服!"。小蓉十分困惑,自己的站姿是依照培训的要求来的,为什么会给游客这样的感受呢?她又该如何进行完善?

案例分析:

标准的仪态是规范服务的基本要素,但在标准中如何体现舒适性则是个性化服务的要求。在仪态表现中,我们在保证标准的同时,更应注意通过姿态细节、表情细节突出服务的人情味。旅游职业礼仪应注重轻松、自如、亲切、舒适,避免给服务对象造成紧绷、呆板的感觉。旅游职业礼仪必须经过反复强化才能自如运用。

任务一 认知礼仪

任务引入

如果你是旅游服务与管理专业的一名学生,在学校的统一安排下,到一处国家 AAAA 级旅游景区进行顶岗实习。在正式上岗前,景区接待部负责人要求每位实习生提交一份关于礼仪认知的书面总结,并能现场展示仪容、仪表、仪态方面的专业知识和技能,请问,你该如何着手进行准备?

首先，我们应该再次梳理关于基础礼仪的知识要点，为面试时的问答环节做好充分准备。

其次，我们应该再次设计和强化基础礼仪中的仪容、仪表、仪态展示环节，与该景区接待的特点进行结合，以礼仪展示为窗口，有效表现出个人在校期间形成的礼仪素养。

理论知识

一、礼仪的概念

"不知礼，无以立也"出自《论语·尧曰篇第二十》，这七个字融汇了古往今来深刻的人生哲理。它告诉我们每一个人，不学会为人处事、待人接物的礼仪礼貌和方式，就难以有立身之处，从而会对一个人的发展形成诸多障碍。现代社会中，礼仪教育同样是社会精神文明建设的一个基础组成部分。

旅游服务行业是一个和各类服务对象、各类合作伙伴打交道的人际交往大平台。在服务中，如果我们忽视基础礼仪的作用，会在不经意间让游客、合作伙伴对工作人员本人和所属企业产生不良的印象，长此以往，就会对个人、企业的发展造成一定的阻碍。因此，具备良好的基础礼仪素养是我们为人处世、职业发展、人际交往的重要前提条件。

礼，从文字上说是一个抽象的概念，它的本意是"敬神"。礼，经过中国几千年历史文化的浸润和重塑，其含义也在不断地演变。到今天，礼的意识和行为已经深入我们日常生活和社会活动的方方面面。因此，具体而言，礼是指人们在长期的生活实践中约定俗成的行为规范与准则。常见的与"礼"相关的热词有三个，它们分别是礼貌、礼节、礼仪。礼的核心为礼貌，形式表现为礼节，规范体现为礼仪。

（一）礼貌

礼貌，是指人们在日常生活和交际过程中表示谦虚、敬重、恭敬、友好的行为规范。它体现着一个人的基础素养。礼貌的外部表现形式主要有仪表仪容端庄、姿态得体优雅、态度亲切和蔼、言语谦虚恭敬、待人接物彬彬有礼等，如生活中的尊老爱幼、工作中的热情待客等。

（二）礼节

礼节，是指人们在日常生活和交际过程中表示问候、致意、致谢、慰问、哀悼等习惯采用的形式,是礼貌的具体表现方式。如朋友偶遇互相打招呼,宾主见面相互握手,逢年过节相互拜访,亲朋好友节日、喜事时送礼物,宴会中相互敬酒,对遭遇病痛灾难的人士进行慰问等。

(三)礼仪

礼仪,是指人们在社会交往中受历史传统、风俗习惯、宗教信仰、时代特征等因素影响而系统形成的,既为大众所认同,又为大众所遵守,以建立和谐关系为目的的各种行为准则和规范的总和。在我们常说的礼学体系中,礼仪比礼貌、礼节的内涵要深厚。

二、礼仪的特点和作用

(一)礼仪的特点

1. 礼仪是成型的行为准则

礼仪是一种特殊的程序,有固定的章法。就像你要进入某一地域,往往要对那里的习俗和行为规范有所了解,只要遵守这种习俗和规范,你就会更好地融入当地的环境中。我们所说的"入乡随俗"其实也是一种礼仪。

2. 礼仪是共同认可的行为规范

在人们的交往活动中,礼仪首先表现为约定俗成的规矩、习惯甚至是口头沿袭的习惯,然后才提升为大家认可的,可以用语言、文字、动作进行准确描述的行为准则,并成为人们有章可循、可以学习和遵守的行为规范。

3. 礼仪是情感互通的过程

在礼仪的实施过程中,既有施礼者的主动行为,也有受礼者的反馈行为。礼是施礼者与受礼者互相尊重、情感互通的过程。

4. 礼仪是一种自觉要求

礼仪是一定社会阶段对人们言行举止所提出的要求,并由社会学家集中概括出来,体现在人们的生活实践,在社会层面上形成人们言行举止应有的自觉要求,进一步成为人们应普遍遵循的行为准则。任何一个社会个体,如果不按照被社会广泛认可的规范去工作、生活,而是随心所欲地按自己的方式去做,那么其行为必然令其他人难以接受。所以,规范前提下产生的自觉性同样是礼仪的重要特性。

(二)礼仪的作用

礼仪可以有效展示施礼者与受礼者的教养风度,体现着一个人对他人、社会的认知水平、尊重程度,是一个人的学识、修养的外在表现。只有更多地处于互相尊重的环境中,人与人之间的和谐关系才能逐步发展。基础礼仪更是旅游服务的灵魂,要提供优质的旅游服务首先就要认识到礼仪在职业中的重要性。

1. 礼是传承

礼仪作为中华民族传统文化的内核和基本内容,在旅游活动中应得到更好的传承和发扬。注重礼仪在旅游业中的重要性,要求旅游工作者了解和应用旅游礼仪知识,对弘扬和传播中华礼仪文化、向世界各国展示中华民族的精神风貌都是极为重要的,同时也能够塑造良好的国际、国内形象。

2. 礼是纽带

礼仪作为服务行业的灵魂,能够推动旅游业的可持续发展。礼仪是各种交流和交往必不可少的"通行证",而旅游业则是各种交流和交往的纽带。它重视基本礼仪实践,通过在实际工作中的有效运用,又进一步发展、提升着礼仪文化,让我们能够真正做到"取其精华,去其糟粕",从而形成科学合理的、独具行业特色的旅游礼仪。

3. 礼是保障

礼仪是优质服务的可靠保障,能够提高旅游企业的市场竞争力。旅游业具有生产和消费不可分离性,即旅游消费、生产、交换在时间和空间上是统一的,这对旅游从业人员的礼仪修养有着更高的要求。在旅游活动中,任何一个旅游者都希望得到舒适、温馨的享受,而礼貌周到的服务会使客人有宾至如归之感,从而提高客人的满意度,使旅游企业获得良好的口碑。

任务二　认知旅游职业礼仪

任务引入

如果你是旅游服务与管理专业的一名学生,在学校的统一安排下,到一处国家级旅游度假区进行顶岗实习。这家度假区平时的商务接待比较集中,接待部负责人要求你尽快熟悉讲解员对客服务的个人基本礼仪要求,将在学校掌握的旅游职业礼仪基础知识和岗位实作结合起来,同时提升自己的礼仪运用能力,向商务讲解接待员的标准靠近。请问,你该如何着手进行准备?

首先,我们应该熟悉旅游职业礼仪的体现环节。

其次,我们应该了解商务接待的基本要求,以礼仪提升为基础,形成更适合于岗位的职业素养。这中间,度假区各项服务标准的学习、部门负责人的指导、老员工的传帮带及各类案例资料的学习都能为我们提供帮助。

理论知识

一、旅游职业礼仪的概念

旅游职业礼仪是指旅游从业人员在职业岗位及延伸场合中应当遵循的一系列礼仪规范。

（一）涉及面

旅游职业礼仪涉及着装、仪容、仪态、谈吐、交往、沟通等板块，延伸到社交礼仪、接待礼仪、求职礼仪等领域。职业礼仪是一个人职业形象的外在表现，一名优秀的旅游从业者，除了具备扎实的专业能力外，还应善于打造良好的职业形象。尤其对于从事旅游服务窗口工作的职业人来说，职业形象就像富于吸引力的风景，会形成一种特殊的"旅游吸引力"。

（二）影响力

旅游职业礼仪规范在不断发展、完善中，它受历史传统、交际场合、风俗习惯、宗教信仰、时代特征等因素的影响，为人们所遵循，同时又为人们所革新。

从行业来看，它是旅游业中客我之间、同事之间、企业之间，以建立和谐关系为目的的，各种符合交往要求的行为准则和规范的总和。

二、旅游职业礼仪的特点和作用

旅游从业人员作为企业的形象代言人，亲切的笑容、礼貌的谈吐、优雅的仪表、得体的仪态是职业素养和职业能力的重要体现。职业礼仪的舒适展现是一处最容易感受的风向标，更是给服务对象留下优质第一印象的重要助力。

（一）特点

1. 认同性

这里的认同性，指的是全社会和职业领域的约定俗成，是全社会、全行业共同认可、普遍遵守的准则。从某种意义来说，旅游职业礼仪也代表着一个国家、一个地区的文化习俗特征。对旅游职业礼仪的普遍认同性表明，行业服务中的规范和准则，必须得到全行业、全社会的认同，才能在行业和社会中持续通用。

2. 规范性

这里的规范性，主要是指它对旅游行业的交际行为具有规范和制约作用。这种规范性本身所反映的实质是一种被广泛认同的社会核心价值取向和对他人的正确态度。无论是具体言行还是具体的姿态,都可以反映出行为主体的思想、道德、素养等内在品质和外在的行为标准。

3. 广泛性

广泛性,主要是指旅游职业礼仪在整个行业的发展过程中普遍存在,并被人们广泛认同。它的表现细节无处不在,无时不在,并且时常引起服务对象的关注和评价。

4. 沿袭性

沿袭性,主要是指旅游职业礼仪的形成本身是一个动态发展的过程,是在风俗和传统逐步优化中形成的富于时代特征的行为规范。

(二) 作用

1. 提升职业形象

旅游职业礼仪是从业者在职业场所中应当遵循的一系列礼仪规范。学会、用好这些礼仪规范,将会使一名从业者的职业形象大为提高。职业形象包括内在的和外在的两种主要因素,而每一个职场人都需要尽早树立塑造并维护自我职业形象的意识。

2. 增加行业温度

职场礼仪的另一个重要作用是对人际关系的调解。在旅游接待服务中,人们的相互关系错综复杂,在平静中可能会突然发生冲突,甚至出现极端行为。旅游职业礼仪有利于让服务对象的心情保持愉悦与冷静,缓解矛盾的出现。如果我们和游客都能够自觉主动地遵守礼仪规范,按照礼仪规范约束自己,就容易使双方之间的感情得到有效沟通,稳定建立起相互尊重、彼此信任、友好合作的关系,进而有利于各种旅游事业的可持续发展。

所以,旅游职业礼仪是涉及旅游企业形象、文化、员工素质的一种综合体现,舒适而有温度的职业礼仪可以有效帮助企业在形象塑造、文化自信上得到质的提升。

三、旅游职业礼仪与职业素养的关系

旅游职业素养是指旅游行业各种职业内在的规范和要求,是从业者在执业过程中表现出来的综合品质,主要包括职业意识、职业道德、职业技能、职业行为和职业作风等方面。在旅游行业中,每个从业者的个体行为结合起来,就构成了自身的职业素养。直观地说,职业素养是内涵,个体行为是外显。所以,我们又经常说职业素养是一个人职业生涯成功的关键因素之一。在企业内训中,职业素养可以量化成为"职商"(Career Quotient),也就是我们经常提到的"CQ"。

(一) 以礼涵"养"

旅游职业礼仪作为一种个人素养的外在形式,可以表现旅游从业者的职业素养和道德水平。从一个人的仪态和言行中,我们可以感知到他对"礼"的价值认知水平和对"礼"的执行程度。

（二）以礼证"养"

旅游职业礼仪作为一种操作性强的道德规范,可以"保证"行业道德原则的实施。礼仪的操作性很强,可以用语言、文字、动作进行准确的描述和规定。通过可执行、可考评、可感受的细节规范,职业礼仪可以有效地让职业素养外显。

实践操作

■ **活动目的**:根据礼仪和职业礼仪的组成要素,梳理自身或身边言行举止中存在的问题和短板。

■ **活动要求**:"四有"模式(有发现、有描述、有分析、有纠正)。

■ **活动步骤**:第一步:发现。

第二步:对发现的现象进行准确描述。

第三步:对现象存在的问题进行分析,找出原因。

第四步:提出对现象问题进行纠正的途径。

第五步:进行小组分享。

■ **活动评价**:教师从完整度、精细度、分析深入度、纠正的落地性程度及小组成员的参与度五个维度设定相应分值进行评价,并对各小组的整体表现进行点评。

拓展提升

《导游服务规范》(GB/T 15971-2010)中"导游员的职业形象要求"

1. 仪容仪表

导游员应仪表端庄,并按照旅行社的要求着装。服装要整洁、大方、得体。

2. 仪态

导游员应表情稳重自然,态度和蔼诚恳,富有亲和力,言行有度,举止符合礼仪规范。

《旅游景区讲解服务规范》(LB/T 014-2011)中"景区讲解员的职业形象要求"

(1)着装整洁、得体,有着装要求的景区,也可以根据景区的要求穿着工作服或指定服装。

(2)饰物佩戴及发型,以景区的原则要求为准;女讲解员一般以淡妆为宜。

(3)言谈举止应文明稳重,自然而不做作。

（4）讲解活动中可适度使用肢体语言，且力避无关的小动作。

（5）接待游客热情诚恳，并符合礼仪规范。

（6）工作过程中始终做到情绪饱满，不抽烟或进食。

（7）注意个人卫生。

项目总结

"不知礼，无以立也"，它告诉我们每一个人，不学会为人处事、待人接物的礼仪礼貌和方式，就难以有立身之处，从而会对一个人的发展形成诸多障碍。现代社会中，礼仪教育同样是社会精神文明建设的一个基础组成部分。常见的与"礼"相关的热词有三个，它们分别是礼貌、礼节、礼仪。礼的核心为礼貌，形式表现为礼节，规范体现为礼仪。

旅游职业礼仪是指旅游从业人员在职业岗位及延伸场合中应当遵循的一系列礼仪规范。职业礼仪是一个人职业形象的外在表现，一名优秀的旅游从业者，除了具备扎实的专业能力外，还应善于打造良好的职业形象。旅游职业素养是指旅游行业各种职业内在的规范和要求，是从业者在执业过程中表现出来的综合品质，主要包括职业意识、职业道德、职业技能、职业行为和职业作风等方面。

通过本项目内容的学习和训练，我们应学会分析自身言行与基础礼仪、旅游职业礼仪要求之间的差距，找准短板。

项目训练

一、单选题（每题只有 1 个正确答案，请将正确答案前的字母填入题干中的括号内）

1. "不知礼，无以立也"出自（　　　　）。

A.《论语》　　　　B.《尚书》　　　　C.《礼记》　　　　D.《春秋》

2. （　　　）是指人们在日常生活和交际过程中表示谦虚、敬重、恭敬、友好的行为规范。

A. 礼节　　　　B. 礼貌　　　　C. 问候　　　　D. 礼仪

3. 在人们的交往活动中，（　　　）首先表现为约定俗成的规矩、习惯，甚至是口头沿袭的习惯。

A. 礼节　　　　B. 礼貌　　　　C. 品德　　　　D. 礼仪

4. 旅游职业礼仪是指旅游从业人员在（　　　　）及延伸场合中应当遵循的一系列礼仪规范。

A. 职业发展　　　B. 职业规划　　　C. 职业岗位　　　D. 职业教育

5. （　　　）主要是指旅游职业礼仪的形成本身是一个动态发展的过程。

A. 广泛性　　　　　　B. 沿袭性　　　　　　C. 规范性　　　　　　D. 认同性

6. 在企业内训中,职业素养可以量化成为(　　),也就是我们经常提到的CQ。

A. 定位　　　　　　　B. 职责　　　　　　　C. 情商　　　　　　　D. 职商

答案:1. A　2. B　3. D　4. C　5. B　6. D

二、多选题(每题有2个或2个以上的正确答案,请将正确答案前的字母填入题干中的括号内)

1. 常见的与"礼"相关的热词有三个,它们分别是(　　)。

A. 礼节　　　　　　　B. 礼貌　　　　　　　C. 素养　　　　　　　D. 礼仪

2. 具备良好的基础礼仪素养是我们(　　)的重要前提条件。

A. 学历达标　　　　　B. 为人处世　　　　　C. 职业发展　　　　　D. 人际交往

3. 礼仪是可以用(　　)进行准确描述的行为准则。

A. 语言　　　　　　　B. 结绳　　　　　　　C. 文字　　　　　　　D. 动作

4. 导游员应仪表端庄,并按照旅行社的要求着装。服装要(　　)。

A. 精致　　　　　　　B. 整洁　　　　　　　C. 大方　　　　　　　D. 得体

5. 旅游职业素养是从业者在执业过程中表现出来的综合品质,主要包括(　　)等方面。

A. 职业意识　　　　　B. 职业道德　　　　　C. 职业技能　　　　　D. 职业行为

6. 旅游职业礼仪是(　　)的一种综合体现,舒适而有温度的职业礼仪可以有效帮助企业在形象塑造、文化自信上得到质的提升。

A. 企业形象　　　　　B. 企业规模　　　　　C. 企业文化　　　　　D. 员工素质

答案:1. ABD　2. BCD　3. ACD　4. BCD　5. ABCD　6. ACD

三、判断题(判断正误,并在题干中的括号内进行标注。正确的标注T,错误的标注F)

1. 礼节,是指人们在日常生活和交际过程中表示问候、致意、致谢、慰问、哀悼等习惯采用的形式,是礼貌的具体表现方式。(　　)

2. 在礼仪的实施过程中,既有施礼者的主动行为,也有受礼者的反馈行为。即礼是施礼者与受礼者的互相尊重、情感互通的过程。(　　)

3. 礼仪是一定社会阶段对人们言行举止所提出的要求,并由法律学家集中概括出来,体现在人们的生活实践中。(　　)

4.《导游服务规范》(GB/T 15971-2010)中GB代表国标。(　　)

5. 旅游职业礼仪作为一种个人素养的内在形式,可以体现旅游从业者的职业素养和道德水平。(　　)

6. 旅游职业礼仪规范基本是一成不变的,它受历史传统、交际场合、风俗习惯、宗教信仰、时代特征等因素的影响,为人们所遵循,同时又为人们所革新。(　　)

答案:1. T　2. T　3. F　4. T　5. F　6. F

模块二

个人礼仪

项目二
旅游从业人员个人基础礼仪规范

项目目标

职业知识目标：

1. 了解旅游从业者仪容仪表的基本要求。
2. 掌握着装的基本原则、旅游从业者的着装要求。
3. 掌握仪容修饰的方法和技巧。
4. 掌握旅游从业人员语言沟通技巧。

职业能力目标：

通过对旅游从业人员仪容、仪表礼仪的学习，学生能够正确地运用礼仪知识，并规范地将其运用到旅游服务工作中去，在接待工作中和人际交中展示良好的个人形象。

职业素养目标：

1. 塑造学生良好的审美能力。
2. 强化学生的职业综合素养。

知识导图

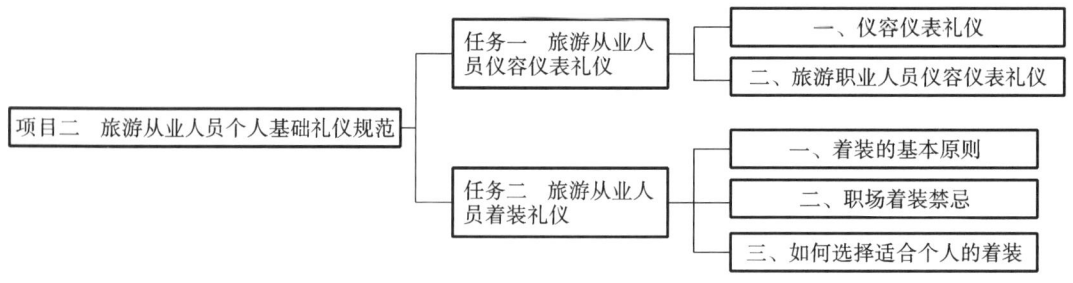

任务聚焦

1.服饰礼仪 TPOR 原则和整体协调原则。

2.旅游从业者中男士、女士着装的基本规范。

3.西装的正确着装技巧。

4.职业妆的化法和技巧。

情景导入

王某是一处大型旅游景区营销部的经理。有一次在与一位台湾商人洽谈业务之前做了大量的准备工作。到了双方会面的那一天,他又对个人的形象刻意做了一番修饰:上身穿着一件花格子 T 恤衫,下身穿一条比较前卫的牛仔裤,头戴一顶刻有景区标志的遮阳帽,脚穿一双旅游鞋。特别值得一提的是,为了显示自己工作经验颇为丰富,王某留起了胡须,半个月都没有刮过胡子。毫无疑问,王某想给对方一个时尚、能干的印象。然而事与愿违,对方看到王某这一身打扮,却皱起了眉头,业务最后也没谈成。

案例分析:个人形象是人际交往的第一印象,在职场中服装的选择应符合职业特点,在特定的工作环境中应穿制服,以体现工作的严谨性。

任务一　旅游从业人员仪容仪表礼仪

任务引入

小张是旅游服务与管理专业的一名学生,今年学校安排顶岗实习,因为在校期间表现优异,他被旅游促进机构选拔为城市规划宣讲员,对于初到职场的他来讲,应该怎样注重自己的仪容仪表才能成为一名合格的讲解员呢?

理论知识

一、仪容仪表礼仪

仪容是一个人的容貌,是按照社会的审美观念进行修饰以后的容貌。俗语有,三分靠容貌,七分靠打扮。仪容的修饰与一个人的道德修养、文化水平、审美情趣和文明程度有关。

仪表,指一个人的外表,包括人的容貌、形体、服饰、姿态、举止、风度等方面,是一个人的精神面貌的外在体现。仪表美是对一个人外表的基本评价,是仪容美、形体美、服饰美的有机结合。在人与人交往的过程中,视觉因素在给人的整体印象中所占比重达55%以上,这充分说明仪表美的重要性。

二、旅游职业人员仪容仪表礼仪

(一)旅游职业人员仪容仪表的基本要求

1. 男士仪容仪表的基本要求

首先,注意面部的清洁,养成勤洗脸、勤剃须的习惯。其次,注意头发的清洁与造型,头发应经常清洗,保持干净,梳理整齐,无头屑。并根据自己的脸形选择合适的发型。再次,养成良好的卫生习惯。做到勤洗澡,勤换内衣,身上无烟味、无酒味、无汗酸味。最后,注意手的干净。随时清洁双手,指甲要及时修剪,不得留长指甲。

2. 女士仪容仪表的基本要求

从事旅游接待工作的女士应展示出稳重、端庄的形象。一是注意面部皮肤的修饰与保养。除了要求面、颈绝对干净外,为使面容焕发青春,保持皮肤的洁净、润泽并富有弹性是至关重要的。二是应熟悉掌握基本的面部美容化妆知识,女性接待人员上岗或参加社交活动前均应化淡妆。三是注意头发的护理。头发要梳理整齐,无头屑,不要将头发染成个性化的颜色,选择大方的发型,不留怪异新潮发型。四是保持手和指甲的清洁。不留长指甲,景点讲解员不涂有色指甲油。

(二)面部修饰礼仪

容貌反映了一个人的朝气与活力,是传达给接触对象感官上最直接、最生动的第一信息。旅游接待人员端庄整洁的容貌往往是整个仪容、仪表中的关键所在。

1. 皮肤的五种类型

干性皮肤角质层容易缺水,皮脂分泌量少,表现为多皱纹且无光泽,极易出现色素沉着

（长斑）。干性皮肤要选用温和的清洁产品，选择成分足、质量好、添加保湿成分、防护性强的护肤产品。

中性皮肤是健康的理想皮肤，皮脂腺、汗腺的分泌量适中，不油腻，不干燥，富有弹性，不见毛孔，红润有光泽，不容易老化。中性皮肤平时只需要注意油分和水分的调理，使其达到平衡。

油性皮肤是指油脂分泌旺盛，额头、鼻翼有油光，毛孔粗大，触摸有黑头，皮质厚硬不光滑，外观暗黄的皮肤。洗脸时可在热水中加入几滴白醋，这种方法能有效地去除皮肤上过多的皮脂、皮屑和尘埃，从而减少毛孔阻塞，使皮肤有光泽和弹性。

混合性皮肤是 T 形区域油性，其他部位显干性，冬天易皱而夏天更具油腻感的皮肤，23—35 岁的女性中约有 70％—80％属于这一类皮肤。对油脂分泌较多的 T 形区，要定期进行深度清洁，收缩毛孔。对于其他部位，则选用性质温和的洁面产品，注意补水，保持肌肤水分平衡。在容易出现细纹的地方，例如眼角，要选用滋润型的产品保养。

敏感性皮肤是易受刺激而引起某种程度不适的皮肤，这种皮肤一般都比较白，毛孔也较细小。视觉上很好的肤质受到外界刺激，例如季节变换或遇冷遇热时，就会皮肤发红，有时会产生红血丝，容易过敏。敏感性皮肤需要小心护理，要选用自然配方、不含易引起过敏物质的护肤品与化妆品，同时尽量避免风吹日晒等外界刺激。

2. 皮肤护理的要点

第一，保持乐观的情绪。俗话说"笑一笑，十年少"。笑可以促进血液循环，加快皮肤的新陈代谢，增强皮肤的弹性，使人面色红润、年轻、健康。

第二，养成多喝水的习惯。皮肤的光泽和弹性主要是由它的含水量决定的。因此，多喝水是保证皮肤滋润细腻的一个基本前提。

第三，注意合理的饮食。在日常的饮食中应适当地补充富含维生素 A、C、E 等的食物，以使皮肤具有弹性、光滑细腻。

第四，保证充足的睡眠。睡眠不足最容易使皮肤疲劳和老化，而充足的睡眠，尤其是高质量的深睡眠，是保养肌肤、减轻脸部皱纹的较佳方式。

（三）化妆

妆容也是一张有效的"上岗证"。化妆不但可以使自己变得漂亮，同时也是对他人尊重的一种礼貌表现。根据旅游行业职业的要求，旅游职业人员上岗前应化淡妆。化妆的程序如下。

1. 洁面

根据自己的皮肤类型，选择适合自己的洁面产品，清洁面部皮肤。

2. 保养

涂护肤类的化妆品，以起到滋润皮肤的作用，同时可以使用防晒霜、隔离霜防止带颜色化妆品直接进入毛孔。

3. 扑粉底

将粉底霜放于手背上，用海绵蘸霜打匀，在脸上薄薄地涂上一层，同时在脖子上也涂上一点,以免面部与颈部"泾渭分明",然后从上往下轻轻扑上一层粉底。

4. 画眉

画眉应从内眼角的眉头开始,经眉峰,一直到眉尾为止。眉峰的位置大概在外眼球的垂线上,画眉时要顺着眉毛的生长方向画,而不要逆向涂抹;眉毛的长度在鼻翼到外眼角的延长线上。画眉一定要精细进行,而不要粗略地涂上几笔就不管了。

5. 眼睛上妆

画眼线是为了使眼睛生动有神。画眼线时笔法应先粗后细,由浓而淡,上眼线从内眼角向外眼角画,下眼线从外眼角向内眼角画。画眼影可以强化面部立体感,使双眼明亮传神。选择眼影的颜色要适合自己的肤色及妆色,由浅入深,画出眼影的层次感。

6. 刷睫毛膏

睫毛膏从根部开始呈 Z 字形往上刷,能更全面地刷在睫毛上,在眼尾的时候稍作停留,刷完局部,注重眼尾和眼头的睫毛。刷上睫毛时漏出睫毛根部,注意细节调整。刷下睫毛时要仔细,将手放轻,轻轻抖动并向外推移睫毛刷。

7. 涂腮红

腮红可以增加妆面的生动感,根据肤色应该选择不同颜色的腮红。肤色越白,选择的腮红颜色就要越浅,可以选择粉色系的腮红;肤色黑一点的话可使用橘色系的腮红。鹅蛋脸在画腮红的时候,做一个微笑的表情,找出颧骨的最高点,然后以画圈的手法涂抹在两颧骨处就可以了。圆形脸整体缺乏立体感,可以利用腮红来拉长脸形,腮红用直线的方向来增加脸部的修长感,将腮红以斜线的画法,由颧骨往脸中央刷,可以更好地修饰脸部的线条。

8. 涂口红

涂口红可以增加唇部的血色感,加强唇部的轮廓,使其生动润泽、富有魅力。

(四) 发型修饰礼仪

发型美是仪容美的要素之一,人们常说的"光环效应"或第一印象,也总是从"头"谈起。旅游职业人员发型修饰的基调是:活泼开朗、朝气蓬勃、干净利落、端庄稳重。

1. 女士发型

(1) 发型与脸形。

椭圆形脸为标准脸形,可以选择任何发型;圆形脸,可选择修饰脸形的发型;长形脸,可用刘海遮住额头,并尽量加大两侧头发的厚度,以使脸部丰满起来;三角形脸,发型尽可能增加额头两侧头发的厚度,采用侧分,使头发掩盖尖窄的额头;倒三角形脸,发型应尽可能隐藏过宽的额头,增加脸下部的丰度;菱形脸,可以用刘海来掩饰额头,适合用柔和、飘逸的发型来中和菱形脸偏硬的感觉。

(2) 发型与形体。

高瘦型女士适宜留长发、直发,以弥补体形上给人细长、单薄、头部小的感觉;高大型女士一般以直发为好,或者是大波浪卷发,以显得飘逸大方;矮小型女士不适宜留长发,可留超短式或梳盘发,给人以秀气、精致的感觉;矮胖型女士,适宜轻便的运动式发型或盘发。一般来讲,过于长的头发有累赘感,女性头发的长度最好在内衣上下 5 厘米为宜。

（3）发型与年龄。

20—35 岁的女性比较注意仪表的整洁和美观,各种新颖、别致、大方的发型都适宜,40—50 岁女性留长发的一般可束发髻,这样更显精神;对于年长者来讲,短发会显得更加时尚和干练。

一般来说,女性旅游行业从业者上岗时应梳短发或盘发,不梳披肩发,头发不可遮挡脸,刘海不要及眉,不留怪异新潮发型,不可将头发染成五颜六色,头饰以深色小型为宜。

2. 男士发型

从事旅游职业的男士的发型应体现出男士刚毅有力的特点,在突出自己个性特点的同时,要体现出职业特点。男士头发长度要适中,前不及眉、后不及领、旁不遮耳,不留大鬓角、小胡子和络腮胡,不留长发,不剃光头,不烫发,染发应以黑色和棕色为宜。

任务二　旅游从业人员着装礼仪

任务引入

时值盛夏,一天上午,导游员李某正在家休息,突然接到公司的紧急电话,要他下午去机场接一个来自北方的某工厂职工组成的参观团。李某看时间还早,中午就睡了一会儿,等他出发时,时间已经十分紧张了。他连衣服都来不及换,穿着背心、拖鞋就出门了,他觉得反正不是什么重要的团队,随便穿也无所谓。等他来到机场时,客人已经等了他 10 多分钟。当他正向客人介绍自己并为迟到而道歉时,参观团团长以导游衣冠不整和迟到为由,打电话给接待机构要求马上换导游员。

良好的仪容仪表,会让人产生良好的第一印象。当导游员服饰整洁、态度礼貌时,客人不一定会特别注意。但如果导游员服饰邋遢、举止粗俗,客人一定会注意到。所以,导游员的外表和态度必须总是无懈可击的,否则,再热情的服务也不能给客人留下好印象。

服饰是一种无声的语言,是一种文化的表征。不仅表现在人的外在美,还反映人的审美情趣、精神面貌。在服务过程中,每一位员工的个人形象均代表企业的形象及其规范化程度,也反映个人的修养和内涵。

理论知识

一、着装的基本原则

着装的 TPOR 原则是由我国著名的礼仪专家吕艳芝老师,在世界通行的着装原则的基础上提炼总结出来的。旅游服务人员着装要达到规范、得体、专业,就必须牢记并严守 TPOR 原则。T、P、O、R 四个字母,分别是英文单词 Time(时间)、Position(地点)、Occasion(场合)和 Role(角色)的首字母。

(一)着装的时间原则

时间包括每一天的各个时段,可以是工作时间、休闲活动时间,也包括每年春夏秋冬不同季节,还可以包括人生的不同年龄阶段。工作时间着装应当端庄、整洁、稳重、大方,给人以愉悦感和庄重感。休闲活动时间的着装主要以方便、舒适为原则,不宜标新立异。例如,夏季着装以凉爽为目的,服饰的色彩不要过于夸张,款式要简洁,能给人视觉和心理上的舒服感;冬季着装则以保暖、轻便为目的,要避免厚重、臃肿不堪,也要避免穿着太单薄,显得不符合时宜。

(二)着装的地点原则

地点原则要求根据地方、位置的不同,着装应有所区别。不同国家、地区的地理位置、自然条件以及生活习惯等特定的环境只有配上相应的服饰,才能产生和谐的美感。例如,在工作环境中穿着运动装,旅游过程中脚穿高跟鞋、身着旗袍,都会显得极其不协调。这种不协调,不仅贻笑大方,更会直接影响自身的形象。

(三)着装的场合原则

场合原则是指着装应与出席场合的气氛相匹配。不同场合有不同的着装要求,公务场合应穿能体现出庄重、规范、大方、整洁的服装,如制服、西装、套裙、工作服等正装;社交场合应穿能体现出时尚、个性的服装,如中山装、礼服、旗袍等时装;休闲场合应穿得体、方便、舒服的服装,如运动装、牛仔装、T 恤、夹克衫、居家服等便装。

(四)着装的角色原则

角色原则是指着装应与自己的身份、职位相吻合,在社会生活中,我们每个人都扮演着不同的角色。不同的社会角色必须有不同的社会行为来规范。应首先弄明白自己扮演的角色是什么,然后挑选一套适合这个角色的服装来装扮自己。例如,秘书随同领导均着西装一同出现,如果秘书的西装无论从面料档次、裁剪手法,还是挺括度、搭配技巧等方面都比领导的西装更胜一筹,会使得这位秘书有喧宾夺主之嫌,所以,要正确地进行自我定位。同时着装还应该注意以下区别。

(1)要注意男女有别。现代着装确实有中性化的倾向,但是再中性化也得注意男女有别。

(2)要注意年龄有别。人的年龄是有区别的,即使一个人的外貌显得年轻、心理年轻,但生理的年龄是无法逾越的,这是自然法则,谁也改变不了。

(3)要注意职业有别。教师、公务员、导游员、景区讲解员、公司白领等各自属于不同的行业,不同行业的着装规范各有要求。

(4)要注意身份有别。既要配合自己的身份,也要配合对方的身份,这样有助于彼此的沟通。与性格开朗的人接触,宜穿颜色较鲜明的衣服;若对方较保守、严肃,应穿颜色较低调、款式较保守的服装;在办公室,太简陋或太奢华的服装都不宜穿,尤其忌讳奇装异服。

(5)要注意民族有别。民族服饰都是各民族对于服装实用与审美的产物,也是各民族中成员的个人选择,其穿戴应受到大家的尊重。

二、职场着装禁忌

(1)过分杂乱。例如,外面穿的外套比里面的内衣还短,一弯腰内裤高于外裤,穿旅行社服务礼仪套装时穿一双旅游鞋,这些都是不合适的。

(2)过分鲜艳。色彩图案异彩纷呈,不符合工作场合的着装要求。

(3)过分暴露。一般在重要场合,着装应不暴露胸部,不暴露肩部。

(4)过分的透视。在重要场合,不能让他人透过外衣看到内衣。

(5)过分短小。在正式场合,不要穿着超短裙、露脐装、小背心、短裤。

(6)过分紧身。在正式场合穿着紧身衣,太过凸显自己的身材,也是不合适的。

三、如何选择适合个人的着装

旅游服务人员在着装上有很大的不同。目前,除旅行社的门市接待人员穿着统一制服和管理层人员在重大场合着正装等情况外,大多数人员在很多场合都穿便装。如何在遵循礼仪的前提下,让自己的着装为个体加分是一个值得研究的课题。每个人的身材既有优点,又有缺点。在选择服饰的时候,尽量扬长避短。

(一)着装的色彩搭配

西方学者总结出了形象沟通的"55387"定律:决定一个人的第一印象中,55%体现在外表、穿着、打扮,38%体现在肢体语言及语气,而谈话内容只占到7%,成功的衣着在于色彩的搭配。服装给人的第一印象是色彩,它有极强的吸引力,若想让其在着装上得到淋漓尽致的发挥,我们必须充分了解色彩的特性。恰到好处地运用色彩的搭配,不仅可以修正、掩饰身材的不足,而且能突出一个人的优点。

1. 常用的色彩搭配方法

(1) 对比色搭配。

强烈色配合:指两种对比强烈的颜色搭配,如黑色与白色、蓝色与橙色。在进行服饰色彩搭配时,应先确定是为了突出哪个部分的衣饰,应深浅色协调搭配。例如深褐色、深紫色与黑色搭配,会令整套服装没有重点,服装的整体表现会显得比较沉重。

补色配合:指两种相对的颜色的配合,如红与绿、黄与紫等。补色配合能形成鲜明的对比,有时会获得较好的效果。

(2) 近似色搭配。

近似色搭配是指两个比较接近的颜色相配。例如,红色与橙红或紫红相配,黄色与草绿色或橙黄色相配等。选择相近的邻色进行服饰搭配是一种技巧。一方面,两种颜色在纯度和明度上要有区别;另一方面,要把握好两种色彩的和谐,使之互相融合,取得相得益彰的效果。一般邻近色的搭配有:黄与绿、黄与橙、蓝与绿、红与紫等。

(3) 同类色搭配。

同类色搭配是指深浅、明暗不同的两种同一类颜色相配。例如,青配天蓝,墨绿配浅绿,咖啡配米色,深红配浅红等。同类色搭配的服装显得柔和文雅,会让人有一种很舒服的感觉。

2. 根据不同的个体特性进行色彩搭配

巧妙地运用服装色彩,可扬长避短,表现自己的优点,掩盖缺点。

(1) 肤色红润:适合穿茶绿或墨绿色衣服。不适合穿正绿色衣服,可能会显得俗气。

(2) 肤色黄白:适合穿粉红、橘红等柔和暖色调衣服。不适合穿绿色和浅灰色衣服,否则会显出"病容"。

(3) 肤色偏黄:适合穿浅蓝色上装,可将偏黄的肤色衬托得洁白娇美。不适合穿品蓝、靛青、紫色上衣,否则会使面色显得更黄。

(4) 肤色黑黄:不要选择鲜艳的蓝色或紫色。

(5) 肤色暗褐:不要选择咖啡色。

(6) 肤色偏黑:适合穿浅色调、明亮色的衣服,如浅黄、浅粉、月白等色彩的衣服,这样可衬托出肤色的明亮感。不适合穿深色服装,最好不要穿黑色服装。

(7) 肤色黯黑:一般不适合穿黑色衣服,以及一些近似黑色的深色(如深蓝、深紫等)服装。应选择颜色浅又不大鲜艳的色调,这样显得明亮、活跃。

(8) 肤色白皙:适合各种颜色,宜选择暖色调的淡橙红、柠檬黄、苹果绿等亮丽色彩。

(二) 男士西服着装礼仪

男士着装应遵循整洁、雅致、和谐、恰如其分的原则。西服源于英国,是男士在正式场合着装的最佳选择。西服作为一种国际性的正统服装,现在越来越多地被运用到各星级酒店等旅游工作中。这里我们来介绍一下男士穿着西装的礼仪。

1. 颜色

西装有正装西装和休闲西装之分,正装西装是单色的、深色的,以深蓝色、藏蓝色、黑色、深灰色西装为主,且颜色越深越正。休闲西装色彩上就会选择更广,可以是单色的,也可以是多色的。职业装宜选择正装西服作为制服。

2. 面料

正装西装面料的选择力求悬垂、挺括、透气、舒服,而市面上的纯毛面料能够达到这一标准,且不易折皱,这是职业西装面料中的首选。一套品质上乘的正装西装要含有60%以上的羊毛。

3. 款式

正装西装一般是套装,两件套或者三件套。两件套西装包括一件上衣和一条裤子;三件套西装包括一件上衣、一条裤子和一件西装背心。按照国际惯例,两件套西装在正式场合不能脱下外衣;三件套西装不能加毛背心或毛衣。通常在高层次的活动中可选择三件套的西装,这样较为正规。

4. 衬衫

正装西装的衬衫以白色为最佳,在穿着正装衬衫时要注意:衬衫下摆要塞在裤子里,系好领扣和袖扣;衬衫的领子要高出西装1厘米,袖口以露出西装袖口1.5厘米为宜;西装衣长以垂下手时与虎口上方为宜,胸围以能穿一件单衣和薄羊毛衫还稍宽为准。

5. 领带

在正式的场合穿西装要系好领带。领带的颜色应与衬衫和西装搭配协调,一般选用衬衫和西装的中间过渡色,最好不要有图案,如果有,应以格子、条纹、点等简洁的图案较佳。领带的长度以系好后大箭头一端刚好触及皮带扣处为宜。领带夹应夹在衬衣第三、四颗纽扣之间。

6. 鞋袜

"鞋袜半身衣"是指好看的衣着要配上合适的鞋袜,这样穿戴才算完美。穿西装一定要穿皮鞋。在正式的场合穿西装,一般选择黑色,以三接头、栓鞋带款式较为正规。穿皮鞋时要做到鞋内无味、鞋面无尘、鞋底无泥、尺码相当、鞋垫相宜。袜子的颜色应与西裤、皮鞋的颜色相同或选择较深的颜色,比如黑色、深蓝色等,同时袜子应干净、无破损,袜子的长度应该以坐立的时候不露出腿或者腿毛为宜。

7. 衣袋

西装的衣袋较多,但多数衣袋的功能不是放东西,而是装饰的。上衣两侧的衣袋不可装物品,以免使西装上衣变形。上衣左胸部的衣袋只可放折叠好的装饰手帕,手帕应插入衣袋三分之一。名片夹和笔可放在上衣内侧衣袋里,但不可装过多的物品,裤兜不可装物品,以求裤型美观。

8. 纽扣

西装有单排扣、双排扣之分。单排三粒扣,扣上面两粒;单排两粒扣,一般只需系第一粒;一颗扣,一般必须扣。双排扣西装一般在正式场合要求把全部纽扣系上,如果非正式场合,也可以最后一颗纽扣不扣。西装背心一般有六粒扣和五粒扣之分,六粒扣最下面的那粒扣可以不系,而五粒扣则要全部系上。

9. 商标

在穿西服前必须拆除上衣左袖口处的商标,以免贻笑大方。

10. 花眼

在某些西装的左边领上方有一个像纽扣一样的开口,这个称之为"花眼",可作为婚礼时新郎佩戴鲜花的位置,平时可以用来佩戴徽章。

(三)女士西装套裙着装礼仪

旅游从业人员女性着装的基本要求为干净、整洁、熨烫平整。所有职业女性在正式场合穿着的服装中西装套裙是首选,西装套裙以其端庄、典雅、美丽、含蓄及流畅的线条受到职业女性的青睐。

1. 款式

女士西装套裙常见的形式有两种:一种是上身是女士西装,下身是半截式裙子;另一种是上身是女士西装,里面是连身背心裙。女士西装套裙常见于第一种形式。

2. 颜色

一般来讲,在正式的场合中,全身上下服饰的颜色不要超过三个。正式场合穿着的套裙一般不带有任何图案,以简洁、朴素为主。

3. 尺寸

套裙中的上衣和裙子的长短没有明确的规定。一般认为裙短不雅,裙长无神。根据裙子的长短,一般有三种形式:过膝式、及膝式、超短式。最理想的裙长是裙子的下摆恰好抵达小腿肚子最丰满的地方。

4. 衬衣

衬衣的颜色要与套裙的颜色相匹配,白色和米色可以与任何颜色的套裙相搭配。在衬衣面料上的选择以纯棉为主,也可以选用丝绸质地的衬衣,但要保证熨烫平整。

5. 鞋袜

用来和套裙配套的鞋子应该是皮鞋,并且以黑色最好。鞋子应该是高跟、半高跟皮鞋,高跟的高度应该在3—5厘米较佳。在正式场合,女士穿裙装而不穿袜子是极不礼貌的。女士穿裙应配长筒丝袜或连裤丝袜,袜子可以是尼龙丝袜或羊毛袜,袜子的颜色以肉色为宜。

6. 着装禁忌

忌短,上衣最短可以齐腰,裙子最长可以达到小腿中部,但不得穿超短裙;忌露,对于领边、肩头和袖口处应注意,内衣外现、文胸肩带和衬裙边露出来是女士着装的大忌;忌透,穿套裙的时候一定要穿衬裙。特别是穿丝、棉、麻等薄型面料或浅色面料的套裙时。同时,衬裙颜色应与套裙的颜色相搭配。

（四）饰品佩戴礼仪

饰品是指能够起到装饰点缀作用的物件，包括服装配件和首饰配件。如围巾、帽子、耳环、项链、戒指等。选择饰品要从服装整体美着眼，使饰品起到点缀、美化服装的作用，佩戴饰品已成为一种时尚，饰品佩戴适宜可以使人更显气质。

1. 饰品佩戴应遵循的原则

（1）佩戴饰品应与穿着相协调。

尽量发挥饰品对服装所起的衬托作用。一般穿着较考究的服装时，可佩戴昂贵的饰品，穿运动装、工作服时不宜佩戴过于夸张的饰品。色彩艳丽的服装适合与淡雅的饰品相配；色彩深沉、单色的服装适合与明亮且款式精巧的饰品搭配。一般来讲，正式着装中的配饰最好在 3—5 个为宜。

（2）佩戴饰品应注意个人的年龄。

年纪大的女士可戴一些相对贵重的、精致的饰品；年轻女士可选择质地好、色泽好、款式新潮的时装饰品。

（3）佩戴饰品要与本人的外表相协调。

佩戴饰品应考虑个人的肤色、身材、脸型等特点。胖脸型的女士不宜戴圆耳环，圆脸型的女士戴项链应加个挂件。身材矮小者，不宜佩戴过多的饰品；身材偏丰腴者不要佩戴小巧的饰品。

（4）佩戴饰品应注意场合。

一些贵重的饰品在交际应酬时佩戴更合适；上班时间以不戴或少戴饰品为好；从事劳动、出席会议时也不宜佩戴夸张和繁多的饰品。

（5）佩戴首饰要注意寓意和习惯。

项链是平安、富有的象征；戒指是首饰中最明确的爱情信物，佩戴戒指可表明你的婚姻状况；手镯或手链的戴法要考虑各民族的习俗，中国人习惯将手镯或手链戴在右手上，而一些西方人则习惯戴在左手上，也有人习惯"男左女右"的戴法。一般女士佩戴手镯或手链就不用戴手表。

2. 旅游从业者工作岗位佩戴饰品

旅游从业者在工作岗位上佩戴的饰品应少而简洁、大方，以宾客为中心，不可在宾客面前炫耀自己，应佩戴与自己角色相适宜的饰品。

（1）饰品的佩戴。

旅游从业者在工作岗位上，可根据不同的场合佩戴围巾、帽子、胸花、戒指、耳环、项链等饰品。

（2）围巾和帽子。

围巾和帽子不但具有保暖的功能，而且具有装饰美化的效果。在冬季，人们的服装色彩较暗，可以用颜色鲜艳的围巾、帽子点缀。如果服装颜色很艳丽，可用颜色素雅的围巾、帽子以求得一种色彩的平衡。帽子还可以用来修饰人的脸形，圆形脸的人适合戴宽边较高的帽子；长形脸的人适合戴宽边或帽檐下垂的帽子；脸窄的人适合戴窄边的帽子；脸宽的人适合戴小檐高顶帽。

（3）胸花。

胸花又叫襟花,其没有实用性的功能,只是作为一种装饰品,多用于宴会、招待会或开业等特别的日子。胸花要根据服装的颜色进行选择,对于衣服颜色淡雅的,胸花应色彩鲜艳;衣服颜色鲜艳亮丽的,胸花则应淡雅别致或不用。胸花的式样要注意与脸形协调,长形脸宜佩戴圆形的胸花;圆形脸应配以长方形胸花。胸针佩戴的位置应该在左边锁骨下方。

（4）耳环。

耳环是女性主要的首饰,其使用率仅次于戒指。在佩戴耳环时要考虑与个人的脸形、发型、服装相匹配。长形脸的女士适合佩戴圆拱形的大耳环,从而在视觉上做横向移动,产生宽度感,缩短脸的长度;方形脸的女士适合佩戴贴耳式耳环,如心形、花形、不规则几何形等,以减弱下巴的宽度;圆形脸的女士适合佩戴长耳环或耳珠,利用耳环重挂形成的纵长度改变圆形脸的外观;倒三角形脸的女士适合佩戴有坠耳环,利用下巴两侧圆环的形态,引导人的视线做横向移动,以使尖下巴显得丰满;椭圆形脸俗称瓜子脸,是一种比较理想的脸形,该脸形的女士适合佩戴各种耳环。

（5）项链。

项链是人体的装饰品之一,是最早出现的首饰。作为女性较喜爱的首饰之一,它的种类多,主要可以分为金属项链和珠宝项链两大类。选择适合自己的项链饰品会起到画龙点睛的作用。选择及佩戴项链时应考虑如下因素。

第一,年龄。老年人适合选择质地上乘、工艺精湛且传统设计的项链;中年人适合选择工艺性强、质地精良的项链;青年人适合选择颜色好、款式新的项链。

第二,颈部。脖子长的人适合佩戴颗粒大而短的项链,在视觉上能减少脖子的长度;脖子短的人适合佩戴细长的项链或带有挂件的项链,从而会使脖子有拉长的感觉。

第三,肤色。皮肤白皙的人适合佩戴任何颜色的项链;而皮肤颜色深的人适合选择咖啡色、米黄色的宝石项链,这样可以起到"淡化"肤色的作用。在大多数情况下,黄金、铂金、钻石项链都容易与各种肤色相配。

第四,体形。身材修长的女性,适合佩戴宝石颗粒较小、长度稍长的项链;体态丰腴的女性,适合佩戴颜色较浅、颗粒较大的宝石项链。

第五,服装。身着柔软、飘逸的丝绸衣衫时,适合佩戴精致、细巧的项链;身着单色或素色服装时,适合佩戴色泽鲜艳的项链。

▌▌八 实践操作

■ **活动目的:**根据旅游从业者的要求和规范,梳理自身或身边人言行举止中存在的问题和短板。

■ **活动要求:**"四有"模式(有发现、有描述、有分析、有纠正)。

■ **活动步骤:**第一步:发现。

第二步:对发现的现象进行准确描述。

第三步:对现象存在的问题进行分析,找出原因。

第四步:提出对现象问题进行纠正的途径。

第五步:进行小组分享。

■ **活动评价**:教师从完整度、精细度、分析深入度、纠正的落地性程度及小组成员的参与度五个维度设定相应分值进行评价,并对各小组的整体表现进行点评。

项目总结

本章重点阐述了对旅游从业人员仪表的基本要求,同时介绍了旅游从业人员着装与肤色、体形协调时应注意的事项和主要禁忌,并介绍了正装的穿法和佩饰的搭配。通过对本章的学习,旅游从业人员应能养成不卑不亢、落落大方、符合旅游职业要求的审美观。

项目训练

一、单选题(每题只有 1 个正确答案,请将正确答案前的字母填入题干中的括号内)

1. 服饰着装的原则是(　　)。

A. TPOR　　　　　　B. TPOA　　　　　　C. TPOC　　　　　　D. TPOD

2. 西方学者总结出的形象沟通的"55387"定律中的 55 是指(　　)。

A. 55％的语言　　　　　　　　　　B. 55％的举止

C. 55％的性格　　　　　　　　　　D. 55％的穿着、打扮、长相

3. 西装源自(　　)。

A. 美国　　　　　　B. 英国　　　　　　C. 中国　　　　　　D. 法国

4. 胸针佩戴的位置应该在(　　)。

A. 左锁骨下方　　B. 右胸上方　　　　C. 右边锁骨下方　　D. 左胸部上方

5. 领带的长度以到(　　)为宜。

A. 皮带扣上面　　　　　　　　　　B. 下端刚好到皮带扣处

C. 遮住皮带扣　　　　　　　　　　D. 高于皮带扣 5 厘米

6. 以西装外套单排扣三粒扣为例,应该扣(　　)。

A. 上面一颗和最下面一颗　　　　　B. 上面两颗扣

C. 下面两颗扣　　　　　　　　　　D. 上面一颗扣

7. 正装中女士高跟鞋的高度应该在(　　)。

A. 3 厘米　　　　　　B. 5 厘米　　　　　　C. 3—5 厘米　　　　D. 7 厘米

8. 穿西装时搭配的袜子应该是(　　)。

A. 随意搭配　　　B. 深色且偏长　　　C. 黑色且偏长　　　D. 白色或者浅色

9. 领带夹佩戴的位置应该是(　　)。

A. 衬衫的第四颗纽扣处　　　　　　　B. 衬衫的第二颗纽扣处

C. 衬衫下端　　　　　　　　　　　　D. 衬衫的第三颗纽扣处

答案：1. A　2. D　3. B　4. A　5. B　6. B　7. C　8. B　9. A

二、多选题（每题有 2 个或 2 个以上的正确答案，请将正确答案前的字母填入题干中的括号内）

1. 旅游从业人员中男士发型的要求是(　　　)。

A. 前发不遮眉　　　B. 后发不触领　　　C. 耳发不触及耳　　　D. 前发不过眼

2. 男士身上三件宝是指(　　　)。

A. 手机　　　　　　B. 手表　　　　　　C. 西装　　　　　　D. 皮鞋

3. 西装"花眼"一般佩戴(　　　)。

A. 鲜花　　　　　　B. 徽章　　　　　　C. 袖口　　　　　　D. 领带夹

答案：1. ABC　2. BCD　3. AB

三、判断题（判断正误，并在题干中的括号内进行标注。正确的标注 T，错误的标注 F）

1. 旅游职业女士上岗时应梳短发或盘发，不梳披肩发，头发不可遮挡脸，刘海不要及眉，不留怪异新潮发型，不可将头发染成五颜六色，头饰以深色小型为宜。(　　　)

2. 旅游从业人员在工作岗位上佩戴的饰品应少而简洁、大方，以宾客为中心，不可在宾客面前炫耀自己，应佩戴与自己角色相适宜的饰品。(　　　)

3. 西装一般是套装、两件套或者三件套。两件套西装包括一件上衣和一条裤子；三件套西装包括一件上衣、一条裤子和一件西装背心。按照国际惯例，两件套西装在正式场合能脱下外衣，这样较为正规。(　　　)

答案：1. T　2. T　3. F

项目三
旅游从业人员个人基础礼仪训练

项目目标

职业知识目标：

1.通过本项目教学内容的学习,掌握站姿、行姿、蹲姿、手势的要领和规范。

2.掌握不同场合中礼仪姿态运用的要领。

职业能力目标：

通过学习训练,掌握站姿、行姿、蹲姿、手势的要领,使学生能够正确并得体地运用到旅游服务中去。

职业素养目标：

1.塑造旅游从业人员良好的职业形象和气质。

2.提升旅游从业人员的业务能力和水平。

知识导图

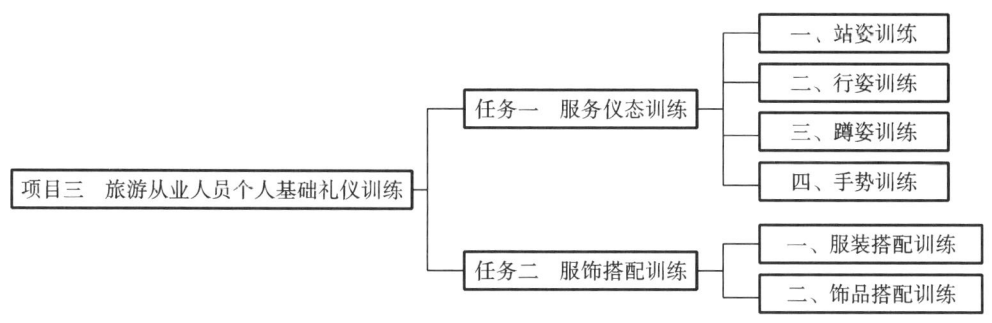

任务聚焦

1.站姿的基本动作要领、种类及运用场合。

2.行姿的基本动作要领。

3.蹲姿的基本动作要领、种类及运用。

4.手势礼仪的基本动作要领、种类及运用场合。

情景导入

　　小刘是某国际旅行社的英语导游员,已经独立带团有近一年的时间,其工作能力全社有目共睹,但是,旅游者对他的评价却往往不尽如人意,这让小刘很是纳闷。为了找出问题所在,在小刘接待一个英国旅游团时,旅行社的李总决定跟团观察以帮他分析问题,提高服务水平。

　　在带领该旅游团的成员参观时,小刘思路清晰,语言表达熟练,讲解词中不仅包含了大量的知识信息,同时还融入了自己的感受和评论。在游览的过程中,他也随时随地关心旅游者的动向,给他们提供帮助。这样看来,小刘的表现还不错,但同时,李总也注意到了小刘有意无意间的一些小动作。如在旅游车上清点人数或在景点讲解时,小刘都喜欢使用食指,通过"指指点点"的方法来辅助表达;在景区参观,遇到不平的道路时,小刘没有征得他人的允许就去进行搀扶等。而且,小刘的语言虽然很生动,但他的表情却很严肃,一路下来,基本上没有微笑过。这些,可以说是小刘的"问题"所在了,难以让游客充分感受到礼貌和友好。

　　案例分析:在旅游服务工作中,细节决定成败,不仅需要我们注意掌握和运用"有声"语言,也需要注意运用各种"无声"语言(礼仪姿态),才能给客人带来完美的体验。

任务一　服务仪态训练

任务引入

　　每年的12月,高三旅游服务管理专业的同学们都要去行业进行为期半年的顶岗实习,这让同学们既紧张又期待。期待旅行社岗位实习的丰富多彩,期待星级酒店岗位实习的专业规范,期待景点实习的灵活有趣。对于即将进入实习岗位的同学们而言,脑子里会有无数的问号:我能够被录取吗?顶岗实习的面试,我会被中意的单位青睐吗?在实习之前,礼仪的强化必不可少,哪些途径是有效而高效的?

理论知识

一、站姿训练

常言说"站如松",也就是说,站立应像松树那样端正挺拔,站姿是静力造型动作,显现的是静态美,站姿又是训练其他优美体态的基础,是表现不同姿态美的起始点,旅游从业人员应从整体上给人以挺(身体挺拔)、直(脊柱笔直)的感觉,体现端庄、亲切、自然、大方的服务形象。

(一)站姿的基本动作要领

标准的站姿从正面观看应是:上身挺直,头正,两眼平视前方,颈直,下颌微收,表情自然,稍带微笑;挺胸收腹,腰部正直,腰部向内、向上收紧;两肩平正、放松;臀部收紧,身体的重量均分在两脚上。

(二)男性旅游从业人员站姿的具体要求

男性站立时,在不同场合、不同服务环境,脚位是不同的。第一种是 V 字脚位:两脚跟靠拢,脚尖分开,夹角为 30°—60°(两脚分开的距离刚好是一个拳头)。第二种是平行脚位:两脚平行分开,比肩略窄,重心在两脚尖。第三种是标准脚位,脚尖、脚跟紧靠,两腿并拢直立。图 3-1 所示为男性服务站姿。

男性在工作场合站立时不同的脚位可搭配不同的手位,从而可演变出以下几种常用的站姿。

图 3-1　男性服务站姿

1. 标准站姿

脚尖、脚跟紧靠,两腿并拢直立,腿部肌肉收紧,大腿内侧夹紧,髋部上提。两手臂放松,自然下垂于体侧(贴裤缝线)。这种站姿一般运用于严肃、庄重场合,比如升旗仪式、道歉等场合。

2. 服务站姿

运用 V 字脚位,身体重心主要支撑于脚掌、脚弓之上。两腿并拢直立,腿部肌肉收紧,大腿内侧夹紧,髋部上提。脊柱、后背挺直,胸略向前上方挺起。两肩放松下沉,气沉于胸腹之间,自然呼吸。两手臂放松,自然下垂于体侧(贴裤缝线)。脖颈挺直,头向上顶。下颌微收,双目平视前方。这种站姿一般运用于接待服务礼仪。

（三）女性旅游从业人员站姿的具体要求

女性旅游从业人员在工作场合站立时，不同的脚位可搭配不同的手位，从而可演变出以下几种常用的站姿。图 3-2 所示为女性服务站姿。

图 3-2　女性服务站姿

1. 标准站姿

脚尖、脚跟紧靠，两腿并拢直立，腿部肌肉收紧，大腿内侧夹紧，髋部上提。两手臂放松，自然下垂于体侧(贴裤缝线)。这种站姿一般运用于严肃、庄重场合，比如升旗仪式、道歉等。

2. 服务站姿

服务站姿即运用 V 字脚位，自然挺拔站立，将双臂自然下垂，右手在上，左手在下，双手虎口相交叠放于身前(小腹的位置——肚脐下方 2—3 厘米)，手臂适当抬起，成自然的弧度。这种站姿一般运用于接待服务礼仪。

（四）工作和生活中的不良站姿

在工作场合站立时一定要防止探脖、塌腰、耸肩，双手不要放在衣兜里，腿脚不要不自主地抖动，身体不要靠在门上，两眼不要左顾右盼，以免给人留下不良印象。

1. 身躯歪斜

站立时以身躯直立为美。如果站立时出现头偏、肩斜、身歪、腿曲、弯腰驼背等状态，不仅破坏了人体的线条美，更重要的是给人以萎靡不振、无精打采之感。

2. 趴伏倚靠

在工作岗位上要站有站相，不能随便趴在座位上或倚靠在墙上等。

3. 双腿过度叉开

标准站姿为双腿并拢站立，如果需要分开，其幅度越小越好，最多不能超过肩部的宽度。

4．脚位不当

双脚站立时应呈 V 字状、丁字状和平角式等脚位,不允许采用人字式、蹬踏式等脚位。人字式脚位,又称"内八字",即站立时两脚脚尖靠在一起,而脚跟之间分开一定的幅度。蹬踏式脚位是一只脚站立的同时,将另外一只脚踩在鞋帮上、踏在椅面上,或蹬在其他不该蹬的物体上。

5．手位不当

手位不当包括放在衣服的口袋内、双手抱在胸前、将两手抱在脑后、将手肘支于某处、用双手托住下巴、手持私人物品等。

6．随意晃动

站立时可以允许体位的稍许变动,但不宜频繁变动体位,更不允许手臂随意挥动、身体随意晃动、腿脚随意晃动。

7．目光呆滞

目光呆滞给人一种萎靡不振、缺乏自信之感。

二、行姿训练

行姿是一种动态美。每个人都是一个流动的造型体,优雅、稳健、敏捷的走姿会给人以美的感受,产生感染力,反映积极向上的精神状态。

（一）动作要领

身体直立,抬头挺胸,下颌微收,双目平视前方,面带微笑,肩部放松,收腹直腰;步幅适当,一般两脚之间相距约一只脚到一只半脚,步幅的大小应根据身高、着装与场合的不同而有所调整,步速要平稳;两臂自然摆动,前摆 30°—35°、后摆约 15°为宜,手掌朝向体内;起步时,身体稍向前微倾,重心落在前脚掌上。行走过程中身体的重心要随着移动的脚步不断向前传递,不要让重心停留在后脚,并注意在前脚着地和后脚离地时伸直膝部;步履自然、轻盈、稳健。

（二）男性旅游从业人员走姿

男性旅游从业人员在行走时,应保持上身直立,挺胸收腹,直腰;身体重心落于脚的中央,不可偏斜。腰部以上到肩部尽量减少动作,保持平稳;双臂靠近身体,随着步伐前后自然摆动;手指自然弯曲朝向身体。行走路线尽可能保持平直,双脚应注意尽可能走在两条平行直线上;步伐可稍大些。一般来讲,男士两臂摆动有力,膝盖和脚腕都要富有弹性,走起来潇洒、豪迈,展示男士的阳刚之美。

（三）女性旅游从业人员走姿

女性旅游从业人员在行走时,应做到抬头、挺胸、收腹,肩膀向后垂,双手放在身体两侧,轻轻摆动。若是穿着裙装、旗袍或高跟鞋,步伐应小一些,尽量保持轻盈的体态,用腰力把身

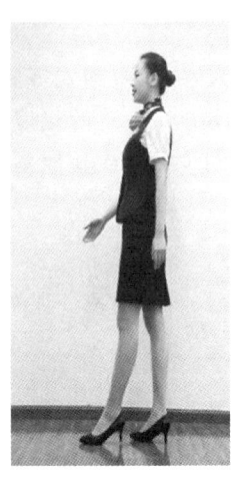

图 3-3　女士走姿

体向上提升,双脚应注意尽可能走在一条直线上,步幅要有韵律感,体现女性温婉动人、得体大方,给人以柔和的美感。图 3-3 所示为女士走姿。

(四) 不雅的走姿

(1) 八字步。行走时两脚的脚尖向内侧伸形成内八字步,或两脚脚尖向外侧伸形成外八字步。

(2) 摇晃。行走时摇头晃脑、摇动双肩、上颠下颤、左右摇摆、大幅度甩手等。

(3) 张望。经常回头张望、四处打量他人,或一边走路,一边指指点点,对他人评头论足。

(4) 奔跑。即使遇到紧急事情,也应尽量避免在室内或公共场所大步奔跑,否则将带给他人紧张、焦虑之感。

(5) 并行。几人在人行道上或公共场所同行时,不并排行走,否则会给他人带来不便,影响他人前行。

(6) 手位不当。双手插兜,尤其是插在裤兜、叉腰或倒背着手走路。

三、蹲姿训练

蹲姿不像站姿、行姿那样使用频繁,因而常常被人们忽视。一件东西掉在地上,一般人都会很随便地弯下腰把它捡起来,但这种姿势会使臀部后撅,上身前倾,显得非常不雅。讲究举止的人,就应当讲究蹲姿。

(一) 高低式蹲姿

这种蹲姿即左膝高、右膝低,左脚在前,小腿垂直于地面,脚掌着地,右脚居后,脚跟提起,脚尖点地,臀部自然向下,上身尽量保持直立,或右膝高、左膝低也可以。女士应大腿紧靠,不可分开,并应侧蹲,高腿朝向有人的面,避免走光;而男士两腿可略分开。

(二) 交叉式蹲姿

这种蹲姿主要适用于女士。下蹲前,先把裙子从后向前收,再左脚放前,右脚放后,左小腿几乎垂直于地面;或右脚放前,左脚放后,右小腿几乎垂直于地面;两脚交叉重叠,一前一后,合力支撑身体,上身略向前倾,臀部朝下,同时做到侧蹲,避免走光。图 3-4 所示为交叉式蹲姿。

(三) 跪式(单膝点地式)蹲姿

跪式蹲姿多用于下蹲时间较长或方便用力时。双腿一蹲一跪。下蹲之后,改为一腿单膝点地,臀部坐在脚跟之上,而以其脚尖着地。另外一条腿全脚掌着地,小腿垂直于地面,双膝同时向外,双腿应尽力靠拢。这种姿势主要适用于男士。

图 3-4　交叉式蹲姿

（四）蹲姿的注意事项

下蹲时要迅速，蹲姿要美观、大方。若用右手捡物品，可以先走到物品的左边，右脚向后退半步后再蹲下来。脊背保持挺直，臀部一定要蹲下来，避免弯腰撅臀的姿势。男士两腿间可留有适当的缝隙，女士则要两腿并拢，尽量做到侧蹲，穿旗袍或短裙时需更加留意。

（1）弯腰捡拾物品时，两腿叉开、臀部向后撅起是不雅观的姿态。两腿展开平衡下蹲，其姿态也不优雅。

（2）女士下蹲时，如果着装衣领较低时，要用左手护胸，避免走光。

（3）不要突然下蹲，不要距人过近，不要过于随便，不要方位失当（应与宾客侧身相向，正面面对他人或者背部面对他人下蹲，都是不礼貌的），不要蹲在椅子上，不要蹲着休息。

四、手势训练

手势是人们常用的一种肢体语言，在服务过程中起着重要的作用，可以加重语气，增强感染力。大方、恰当的手势可以给人肯定、明确的印象和优美文雅的美感。

（一）手势的分类

根据功能和意义，手势原则上可分为三类。

1. 象征型手势

此类手势一般都是有特定的含义，容易让人领会的手势。例如，跷起大拇指表示夸奖、称赞；跷起小拇指表示轻蔑和贬低；大拇指向下表示反对或不予接受；摆摆手则明确表示不同意；摊平双手并耸耸肩表示无可奈何。

2. 示意型手势

此类手势一般是暗示或要求别人作出相应反应的手势。例如,在引导司机倒车或掉头时,双手平举,手掌前后摆动"向前"或者"向后",又如站在路边向出租车招手,或一只手臂平举,大拇指指向自己的左侧,表示要乘车。

3. 说明型手势

此类手势一般与语言并用,对语言进行说明和解释。例如,在会上发言需说明若干问题,一边说一边伸出手指加以说明和强调,以增强发言的力量。借助手势或其他肢体语言能有效地表达某种特定的意思和情感,但由于不同国家、地区有不同的民族习俗与避讳,有时相同手势所表示的意思不尽相同。

(二) 常用手势

1. 低手位

一般指向某一物体时用低手位。手从身体的一侧抬起,五指并拢,指尖用力,手掌自然伸直,手位低于腰部,眼神目视宾客。如请宾客落座,请宾客注意台阶等。

2. 中手位

在表示"请进""请"时常用中手位。做法是:五指并拢,指尖用力,手掌自然伸直,手心微向上,手肘微弯曲成 $60°—120°$ 夹角。一只手从体侧抬起,手位在肩以下、腰以上,另一只手下垂或背在背后,目视宾客,面带微笑,表现出对宾客的尊重、欢迎。

3. 高手位

需要给宾客指方向时,采用高手位(见图 3-5)。手指并拢,手掌伸直,手从体侧抬起,直指方向。

图 3-5　高手位

（三）递接物品的手势

双手递送接取物品，不方便时可用右手，但绝不能用左手递接。起身主动走近对方，递送至对方手中并方便接取。递送有文字、图案等物品时，要正面朝上，文字图案要朝向对方；递送带尖、带刃等物品时，应将尖刃部分朝向自己或朝向他处，朝向对方接取物品要缓且稳，不可急于抢取。

（四）展示物品的手势

展示物品时，应将物品置于身体一侧。展示的位置不同，表明手持物品的意义不同，手持物品高于双眼位置，适用于围观时采用；手持物品在眼睛下方、胸部上方，双臂伸直在肘部以内，给人以稳定感；手持物品在眼睛下方、胸部上方，双臂伸直并在肘部以外，给人以清晰感，通常在这个位置展示想让对方看清楚的物品；手持物品位于胸部以下，给人以漠视感，通常展示不太重要或不太明显的物品时采用。

（五）手持物品的手势

服务人员手持物品时，应根据自己的能力以及物品的实际情况采取不同的手势，但要避免手势夸张，失去自然美。在餐厅服务时，不能用手触碰杯、碗、碟、盘的边沿。

（六）鼓掌的手势

1. 场合
鼓掌是在观看文体演出、参加会议、迎候嘉宾等场合表示赞赏、鼓励、祝贺、欢迎等情感的一种手势。

2. 掌位
右手掌心向下有节奏地拍击左掌；不可左掌向上拍击右掌；不可左掌向右，右掌向左，两掌互相拍击。

3. 时间
长短相宜，礼节性鼓掌以三秒钟为宜。时间过短有不欢迎、敷衍之意；时间过长有讽刺、驱赶之意。

（七）手势礼仪的应用原则

在日常交际活动中，手势运用范围广、频率高，可以表达多种信息，代替有声语言传情达意。手势礼仪要求运用手势时遵循适度、优雅、得体原则。

1. 适度
应注意手势的大小幅度。手势幅度的上限一般不应超过对方的视线，下限不低于自己的胸部，尽量使用柔和、带曲线的手势，避免生硬的直线条手势。

2. 优雅

(1) 说话时不要指手画脚,手势动作过多、过大,或不看对象、不分场合地拍拍打打,甚至去摸对方的头顶或脸颊,这样会显得粗鲁无礼、令人讨厌。

(2) 与人交谈,当轮到自己时不要用手指着自己的鼻尖,而应将手掌按在胸口上,这样显得斯文大方。

(3) 不可用手指向他人,十分必要时应掌心向上。例如,介绍别人或邀请女士跳舞时,应掌心向上,由内向外伸开手臂。

3. 得体

手势必须适合交际对象。同一手势在不同国家和地区由于文化背景、民俗习惯不同而有不同的含义,因而要慎用手势语言。与长者交谈时,双手不可反手,否则为不恭。

(八) 手势使用禁忌

手势这种无声语言要注意使用得当。在与人相处时,不要用手势动作来做"评论工具",这样是很不礼貌的。

1. 指指点点

谈话时,伸出食指向对方指指点点是一种很不礼貌的举动,这表示对对方的轻蔑与瞧不起。如果手腕举得再高些,指向某人的脸,那问题就更严重了。在公共场合,遇到不相识的人,不应当指指点点,尤其是不应当在其背后这样做。这种动作通常会被理解为对对方评头论足,是非常不友好的。

2. 双臂环抱

双臂环抱端在胸前这一姿势,往往会被人理解为孤芳自赏、自我放松,或是置身事外、袖手旁观、看他人笑话之意。在接待工作中这么做,会给客人以高傲、目中无人的感觉。

3. 摆弄手指

工作中无聊时反复摆弄自己的手指、活动关节,手指动来动去,或者莫名其妙地攥拳松拳,很容易给人以莫名其妙的感觉,而让客人望而却步。在工作中捻指也是应该避免的。捻指就是用手的拇指和食指弹出"叭叭"的声音,其所表达的意思比较复杂:有时是表示高兴;有时是表示对对方所说的话很感兴趣或是完全赞同;有时则是表示某种轻浮的动作。为了避免在工作中让客人产生歧义,就需要尽可能少地使用无谓的手势。

4. 手势放任

有些人习惯时不时地抚摸自己身体的某些部位,如摸脸、擦眼、拨头、剔牙等。这些手势会给他人留下缺乏公德意识、不讲究卫生、个人素质低下的印象,更不能搔首弄姿,否则容易产生当众表演的嫌疑,影响恶劣。

5. 随意触碰他人

将手搭在他人肩部、拍打他人肩部或触摸他人头部等动作都是欠稳重的。

任务二　服饰搭配训练

任务引入

　　小李是某中职学校旅游服务与管理专业的高三学生,即将走上顶岗实习工作岗位的她正在寻求一套得体的职业着装。你能否给她提供相应的意见与建议?

　　首先,再次梳理旅游从业人员服饰礼仪相关原则与细节,了解旅游行业职业着装与要求。

　　其次,将理论知识运用到实际生活与工作中,结合自身实际,搭配出大方得体的职业着装。

理论知识

一、服装搭配训练

人靠衣装,得体大方的职业着装给人以亲切、专业之感。

(一)训练环节

　　训练要点:服装搭配符合既定原则、身份及相应场合,得体、大方、自然。

　　训练目的:帮助学生进一步巩固服装搭配相关原则与要求,学会结合身份特征进行服装搭配。

(二)训练形式

　　学生4人一组进行相应场景下服装搭配方案设计,要求学生在设计过程中全程参与到小组合作中,组内分工明确、团结协作;同时派发言代表进行阐述,阐述内容包含方案本身及其设计意图。教师进行适时指导。

（三）训练心得

_____

_____

_____

_____

二、饰品搭配训练

饰品为重要的装点之物,运用得体则画龙点睛,不得体则往往画蛇添足。

（一）训练环节

训练要点:饰品搭配符合既定原则、身份及相应场合,得体、大方、自然。

训练目的:帮助学生进一步巩固饰品搭配相关原则与要求,学会结合身份特征进行饰品搭配。

（二）训练形式

学生 4 人一组进行相应场景下饰品搭配方案设计,要求学生在设计过程中全程参与到小组合作中,组内分工明确、团结协作;同时派发言代表进行阐述,阐述内容包含方案本身及其设计意图。教师进行适时指导。

（三）训练心得

_____

_____

_____

_____

实践操作

- **活动目的**:根据举止礼仪的规范和要求,梳理自身或身边言行举止中存在的问题和短板。
- **活动要求**:"四有"模式(有发现、有描述、有分析、有纠正)。
- **活动步骤**:第一步:发现。
  第二步:对发现的现象进行准确描述。
  第三步:对现象存在的问题进行分析,找出原因。
  第四步:提出对现象问题进行纠正的途径。

第五步:进行小组分享。

活动评价:教师从完整度、精细度、分析深入度、纠正的落地性程度及小组成员的参与
度五个维度设定相应分值进行评价,并对各小组的整体表现进行点评。

拓展提升

　　每位同学参与收集校园内举止礼仪表现得体和不当的案例资料,以小组为单
位制作 PPT 或视频展示资料,进行课前三分钟情景再现,并进行讨论分析。

项目总结

　　举止是指人的动作和表情。日常生活中人的举手投足,一颦一笑,都可概括为举止,举
止是一种不说话的"语言",能在很大程度上反映一个人的素质、受教育的程度及能够被别人
信任的程度。在社会交往中,一个人的行为既能体现他的道德修养、文化水平,又能表现出
他与别人交往是否有诚意,更关系到个人形象的塑造,甚至会影响国家民族的形象。冰冷生
硬、懒散懈怠、矫揉造作的行为无疑有损于良好的形象。相反,从容潇洒的动作,给人以清新
明快的感觉;端庄含蓄的行为,给人以深沉稳健的印象;坦率的微笑,则使人赏心悦目。通过
本章的学习,我们能更加了解举止礼仪的规范和要求,更好地约束我们在生活、学习、工作中
的言行举止。

项目训练

一、单选题(每题只有 1 个正确答案,请将正确答案前的字母填入题干中的括号内)

1. 升旗仪式及严肃场合我们所运用的站姿是(　　　)。

A. 标准站姿　　　　B. 左丁字步站姿　　C. 握手式站姿　　　　D. 右丁字步站姿

2. 男士 V 字步站姿是,两脚脚尖分开呈(　　　)。

A. 15°　　　　　　　B. 30°　　　　　　　C. 30°—60°　　　　D. 60°

3. 女士走姿双脚应尽量落在(　　　)。

A. 平行线上　　　　B. 一条直线上　　　C. 呈外八字形上　　D. 呈内八字形上

4. 鞠躬礼时,一般要做到(　　　)。

A. 先鞠躬后问好　　　　　　　　　B. 一边鞠躬一边问好

C. 先问好再鞠躬　　　　　　　　　D. 眼睛一直看着对方

5. 在世界范围内,(　　　)使用鞠躬礼的规范和频率最高。

A. 美国　　　　　　B. 中国　　　　　　C. 日本　　　　　　D. 韩国

6. 按照坐姿要求,一般我们的入座和出座是(　　　)。

A. 左进右出　　　B. 左进左出　　　C. 右进左出　　　D. 右进右出

7. 作为学生的你,面试时最不应该选用的坐姿是(　　　)。

A. 侧点式坐姿　　B. 前伸式坐姿　　C. 重叠式坐姿　　D. 标准坐姿

8. 在正式场合,男士不能用的蹲姿是(　　　)。

A. 交叉式蹲姿　　B. 高低式蹲姿　　C. 单跪式蹲姿　　D. 洗手间式蹲姿

9. 在社交场合,目光注视的范围是(　　　)。

A. 双眼到额头之间　B. 双眼到下巴之间　C. 唇心到胸之间　D. 双眼到鼻子之间

10. 在手势礼仪中,一般指方向会运用(　　　)。

A. 直臂式手势　　B. 曲臂式手势　　C. 横摆式手势　　D. 斜摆式手势

答案:1. A　2. C　3. B　4. B　5. C　6. C　7. B　8. C　9. A　10. A

二、多选题(每题有 2 个或 2 个以上的正确答案,请将正确答案前的字母填入题干中的括号内)

1. 女性在站立时,可以采用哪种脚位(　　　)。

A. 双脚分开脚位　B. 平行脚位　　　C. V 字脚位　　　D. 丁字脚位

2. 男性行走时应注意(　　　)。

A. 走平行步　　　B. 走一字步　　　C. 步伐慢而小　　D. 步伐稍快

3. 在人际交往中,注视分为(　　　)。

A. 公务凝视　　　B. 亲密凝视　　　C. 社交凝视　　　D. 转移注视

答案:1. BCD　2. AD　3. ABC

三、判断题(判断正误,并在题干中的括号内进行标注。正确的标注 T,错误的标注 F)

1. 与人告别时,为了节约时间可以马上扭头转身就走。(　　　)

2. 展示物品时,应将物品置于身体一侧,手持物品位于胸部以下,给人以漠视感,通常展示不太重要或不太明显的物品时采用。(　　　)

3. 微笑训练时,准备一支干净的筷子,横放在门牙上,用牙轻轻咬住(含住),努力使筷子的水平线高于嘴角。(　　　)

答案:1. F　2. T　3. F

模块三
交往礼仪

项目四
旅游从业人员常用交往礼仪规范

 **项目目标**

职业知识目标：

通过本项目教学内容的学习,掌握在日常交往中称呼、介绍、见面、交谈、使用网络和接打电话的礼仪知识。

职业能力目标：

1.通过本项目的学习和训练,能熟练地掌握常用的交往礼仪。

2.能应用所学知识处理好人际关系。

职业素养目标：

结合本模块的教学内容,按照行业道德规范或标准,在日常人际交往中,养成良好的习惯,做一个有修养、受欢迎的人。

知识导图

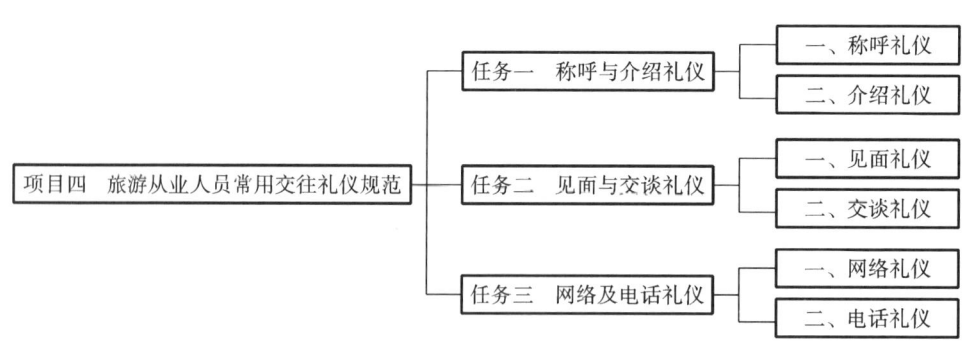

任务聚焦

1.能得体地称呼对方、会自我介绍和他人介绍。
2.掌握并运用见面与交往礼仪,了解其注意事项。
3.了解网络与电话礼仪,掌握其使用技巧。
4.实践训练,习惯养成。

情景导入

　　李军是光亚旅游公司的一名实习生,他作为门市实习接待员已有两周的时间。每天面对形形色色的客人他总是热情地招呼接待,可是在工作中还是有客人说:"你是新来的吧,还不怎么会说话啊。"李军十分困惑:"对于每位客人,我都是微笑迎接,亲切问候,除了业务不太熟悉之外,咋就说我不会说话了?"门市负责人告诉他:"你作为一名门市接待员,给客人的第一印象很重要,你几乎对所有进来的客人只有'老板''老大爷''美女''老奶奶'等称呼,让客人感觉不舒服,一个连称呼都做不好的人,别人怎么会相信你的其他业务能力呢? 你的日常交往礼仪需要加强啊。"

　　案例分析:

　　门市是旅行社的窗口形象,是活广告,门市接待能力直接影响着旅行社的核心竞争能力。作为一名门市接待员不仅要注重外在形象,业务水平也非常重要。比如面对现场咨询、电话咨询、网络咨询的客人,我们应该如何称呼客人,及时了解客人需求,推销适合客人的旅游产品;作为旅游专业的学生掌握常见的交往礼仪非常重要。

任务一　称呼与介绍礼仪

任务引入

　　一天上午,光亚旅行社门市走进了一对年轻的夫妇咨询旅游方面的问题,李军作为一名门市实习接待员打算独立接待这一对夫妇,请问他应该如何应对?

　　首先,他应微笑迎接,亲切问候,引领客人入座,做自我介绍,表示乐意为客人服务。

　　其次,他应了解客人的旅游需求,展示本门市的旅游产品并进行说明。

理论知识

一、称呼礼仪

称呼是日常人际交往应酬中,采用的彼此之间的称谓语。在人际交往中,选择适当、得体的称呼,能表现出自身的修养,反映自己对对方尊重的程度,甚至还体现着双方关系的某种发展程度。一个人想要给人留下美好的第一印象,称呼礼仪尤为重要。作为旅游服务人员,在人际交往中尤其要注意面对不同身份地位的人如何用不同的尊称或敬称,以表示对对方的尊重。

(一)生活中的称呼

生活中的称呼,应当亲切、自然、准确、合理。

1. 尊称

尊称就是对别人采用恭敬的称呼,以表示敬重,一般是对上级、长辈、客人的称呼。尊称的方法大致有以下几种。

(1)使用人称敬称。

对别人称呼时常用的敬称词是"您","您老""您老人家"适合称呼年纪稍大的人,称呼他人时则用"他老人家"。对德高望重的年长者,可在他的姓氏之后加上"老"或"公"字,如"周公""李老"等。

(2)引用亲属称谓。

一般情况下,为了显示亲近、友好,可以根据对方与自己年龄的差别来对亲属称呼,也是一种尊重。比如年龄相差不大的称"大哥""大姐";父辈级别的称呼"大叔""大伯""大妈";祖辈级别的称呼"爷爷""奶奶"等;也可以在这些称呼前加上姓氏,如"李大爷""王奶奶"等。

2. 谦称

谦称就是用一种谦卑的称谓称呼自己及亲属、下属。它实际上是通过抑己来表示对别人的尊重。谦称的方法主要有以下几种。

(1)直接谦称。

"我""本人"是属于中性的自称。"鄙人""卑职""在下",就是谦称。老年人自称"老朽""老拙",不过一般用于书面语言的称呼,口头使用就比较少了。

(2)谦称亲属。

谦称自己的亲属,如自己的父母分别称"家父""家母";自己的弟弟、妹妹则称为"愚弟""舍妹";自己的儿子称为"小儿"等。

（3）降辈分称呼。

从说话人子女或孙辈的角度来称呼听话人，如"××叔叔""××阿姨"，这也是一种谦称。这种称呼既可以表示说话人的谦恭，又可以在很难选择使用别的称谓时使用，也是一种比较适用的称呼方式。

3．平称

平称是不表示尊卑的称呼，一般是对同辈、同级、下属的称呼。平称的方法有以下几种。

（1）姓氏称谓。

以姓氏称呼是最常见的一种，如"老王""小张""大李""阿罗"等。

（2）名字称谓。

以名字称谓，显得亲切。如"建波""玉华""大海""春霞"等。

（3）身份称呼。

以身份、关系称呼，显得贴切，如"同学""战友""队友""团友"等。用"先生""女士""同志"等，显得平等、严肃而又有礼貌。

（二）工作中的称呼

在工作岗位中，人们彼此之间的称呼是有特殊性的。工作中的称呼要尽量庄重、正式、规范。

1．职务性称呼

这是一种最常见的称呼方式，是根据交往对象的职务相称，以示对对方身份有别、敬意有加。称职务时可以仅称职务、在职务前加上姓氏、在职务前加上姓名（适用于极其正式的场合），比如，"张董事长""王经理"等。

2．职称性称呼

对于具有职称者，尤其是具有高级、中级职称者，在工作中直接以其职称相称。称职称时可以只称职称，就是在职称前加上姓氏，如刘教授、徐工程师；也可以在职称前加上姓名，如张峰经理等，这种方式适用于十分正式的场合。

3．行业性称呼

生活中以"李医生""张会计""赵计调"等称呼别人就属于行业性称呼。这种称呼就是根据交往对象的行业对其进行介绍，还可以加上姓氏或者姓名。

4．性别性称呼

对于从事商业或服务性行业的人，可以按性别的不同分别称呼"小姐""女士"或"先生"。"小姐"是称未婚女性，只是有些地区的"小姐"指的是红灯区的女子，能避免就尽量不用；"女士"是称已婚女性。

5．姓名性称呼

在工作岗位上称呼姓名，大多数限于同事、熟人之间。可以直呼其姓，就是在姓前加"老、小、大"等前缀；如"老王""小李"等；也可只称其名，不呼其姓，通常限于同性之间，尤其是上司称呼下级,如"红英""建国"等。

(三)旅游接待人员称呼礼仪的禁忌

1. 错误的称呼

常见的错误称呼有两种:误读和误会。误读就是念错姓名,尤其是多音字容易产生错误。为了避免称呼错误,对于不认识的字,应提前查阅做好准备;如果是临时遇到,则要向人谦虚请教。误会主要指对被称呼人的年纪、辈分、婚否以及与其他人的关系作出了错误判断。比如,将未婚妇女称为"夫人",就属于误会。比较年轻的女性,可以称为"小姐""女士",这样对方会更容易接受。

2. 替代性称呼

旅游接待人员在与游客交流中忌使用替代性称呼。如"那个黄头发的""那个背包的别走""那个穿红衣服的过来""那个戴眼镜的"等。

3. 使用庸俗低级的称呼

在人际交往中,有些称呼在正式场合时尽量不用。比如"死党""哥们儿""姐们儿""铁哥们儿"等一类称呼,虽然听起来亲切,但显得档次不高。如果逢人便称"老板"或"美女",有时也会显得不伦不类。

4. 使用不通行的称呼

有些称呼,具有一定的地域性,比如"伙计"这个词语,在山东人眼里就是"哥们"的意思,但一些南方人听起来可能是"打工仔"的意思。中国人喜欢把配偶称为"爱人",而在外国人的意识里,觉得不可理解,因为他们认为"爱人"只是"情人"的意思。

5. 称呼外号

在人际交往中,对于关系一般的人,不要自作主张给对方取外号,更不能用随意打听来的外号称呼对方。不要随意拿别人的姓名乱开玩笑,"拐子""麻秆儿""秃子""四眼""傻大个"等更不能说。要尊重一个人,必须首先学会去尊重他的姓名。每一个正常人,都非常看重自己的名字,因此,在人际交往中,不是很熟悉的人就不要称呼外号,这是对别人的尊重。

二、介绍礼仪

介绍是自己主动沟通或通过第三者从中沟通,使双方相互了解的基本方式。通过介绍,可以缩短人们之间的距离,以便更好地交谈、更多地沟通,以及更深入地了解。

(一)介绍的类型

1. 自我介绍

自我介绍是指把自己介绍给对方。在社交场合中,规范、得体的自我介绍有助于给他人留下良好的印象,也可以为自己扩大朋友范围、打开社交圈子,还能为自己的公司树立良好的形象。

（1）自我介绍的形式。

自我介绍是应先向对方点头致意，得到回应后再向对方介绍自己，其内容主要包括自己的姓名、身份、单位等。常见的自我介绍有以下五种形式。

①应酬式自我介绍。在某些公共场合和一般性的社交场合这种自我介绍方式最为简洁，往往只包括姓名一项即可。如"你好，我叫张萍""你好，我是王涛"。

②工作式自我介绍。工作式自我介绍适用于工作场合，它包括自己的姓名、工作单位及部门、职务或从事的具体工作等。如"你好，我叫张峰，是光亚旅游公司的销售经理""您好，我叫温军，是××旅行社的实习生"。

③交流式自我介绍。交流式自我介绍适用于社交活动中，希望与交往对象进一步交流与沟通。它大体包括介绍者的姓名、学历、工作、籍贯、兴趣及与交往对象的某些熟人的关系等。如"你好，我叫张峰，我在光亚旅游公司上班。我是李明的老乡，都是成都人"。

④礼仪式自我介绍。礼仪式自我介绍适用于报告、演出、讲座、庆典、仪式等一些隆重而正规的场合，包括姓名、单位、职务等，同时在介绍中还应加入一些适当的谦辞、敬辞。比如："各位来宾，大家好！我叫张峰，我是光亚旅游公司的销售经理。我代表本公司热烈欢迎大家光临我们的展览会，希望大家……"

⑤问答式自我介绍。适用于应试、应聘和公务交往。问答式的自我介绍，应该是有问必答，问什么就答什么。如"先生，你好！请问您贵姓？""先生，你好！请问您怎么称呼？""先生您好！我叫张峰。"

（2）自我介绍的注意事项。

①注意时机。做自我介绍，要善于抓住时机，且在适当的场合进行。当对方正在与人亲切交谈时，直接走上前去进行自我介绍是不妥的，容易打断别人的谈话，最好挑一个对方有空闲、情绪好，又有兴趣的时候做自我介绍，这样就不会打扰到对方。

②讲究态度。自我介绍时，态度一定要亲切、自然、友善、随和。介绍中应落落大方、彬彬有礼，不能唯唯诺诺、虚张声势，尽量表现出自己渴望认识对方的真实情感。语气自然、语速正常、语音清晰的自我介绍是受人欢迎的。如果在自我介绍中，流露出慌张、胆怯、结巴、目光游离不定、手忙脚乱等情况，则会影响彼此的沟通。

③注意时间。自我介绍尽量言简意赅，节约时间，以半分钟左右为宜，最好不超过一分钟。话说得多了，费时又显啰唆，交往的对象有可能也记不住那么多的信息。为了节省时间，便于对方记住自己，自我介绍时还可以利用介绍信或名片加以辅助。

④注意方法。进行自我介绍时，应避免直接相问。如直接问："您叫什么名字？"这样显得很没有礼貌，应尽量委婉一些"请问您贵姓？""能否请教您的大名？""不知该如何称呼您，您是……"如果你想认识某一个人，最好先获得一些有关他的资料或者情况，比如性格、特长、爱好等，这样在自我介绍时，就会有话题交流讨论，很容易继续交谈下去。

2．他人介绍

在社交场合中与别人相识的时候，经常会遇到需要有他人来做介绍的情况。他人介绍又叫居中介绍，是经第三方为彼此不认识的双方引见、介绍的一种交际方式，其作用是架起了陌生人之间相互知晓、了解的桥梁。在较正式的社交场合中，介绍者的身份相对较高，例如，社交聚会中的主人、在场人员中地位或职务最高者、应被介绍一方或双方要求的人。而在一般社交场合或者工作场合中，介绍者的要求相对随意一些，一般可由双方的引荐人，或者商务往来中的专职接待人员承担。

介绍别人时，手势动作要优雅，无论介绍哪一方，都应五指并拢，掌心向上，指向被介绍一方（见图4-1）。切记不要手指尖朝下，因为这是一种矮化对方的肢体语言。同时，不要以单指指人。图4-2所示为介绍的错误手势。

图 4-1 介绍的正确手势

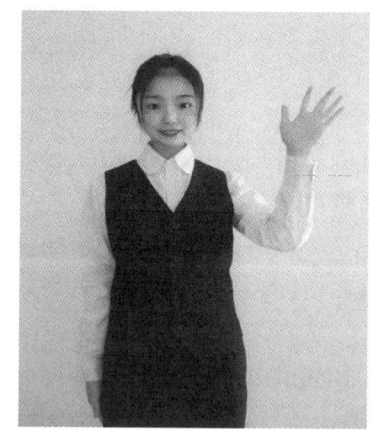

图 4-2 介绍的错误手势

（1）他人介绍的形式。

①简洁式。适用于社交场合，仅仅介绍双方的姓名。如："我来给两位介绍一下吧，这位是张峰，这位是李明。"适用于一般社交场合。

②标准式。适用于正式场合，介绍双方的姓名、单位、职务。如："我来给两位介绍一下吧，这位是我们旅行社新来的实习生王丽，这位是××公司的经理王海。"适用于正式社交场

合,尤其是工作场合。

③推荐式。适用于比较正式的场合,内容特别强调某位被介绍人的优点、长处,期望另一位被介绍人的重视。如:"这位是赵婷小姐,这位是我们光亚旅游公司的王××总经理。赵小姐精通日语、韩语、英语,是口译界的新秀。王总,我想你们一定乐于相互认识吧?"这种介绍方式一般在被介绍双方中,一方认识另一方,而不为对方所认识时所用。

④强调式。适用于各种交际场合,介绍者重点强调其中一人与自己的关系,希望引起另一方的重视。如:"这位是李玉华小姐,这位是王宇先生,是我的大学同学,请多多关照哦!"这种介绍方式适用于被介绍双方中,其中一方与介绍者有一定的特殊关系。

⑤引荐式。适用于一般的社交场合,介绍人只是将被介绍人进行引见,并不作实质性的介绍,请对方进行自我介绍。

(2)他人介绍的原则。

介绍时还应讲究先后顺序,一般遵循"位尊者拥有优先知情权"的原则。

①先把男士介绍给女士——让女士优先了解情况。例如"张小姐,我给你介绍一下,这位是李先生。"

②先把晚辈介绍给长辈——让长辈优先了解情况。

③先把主人介绍给来宾——让来宾优先了解情况。

④先把职位低者介绍给职位高者——让职务高的人优先了解情况。

⑤先把未婚者介绍给已婚者——让已婚者优先了解情况。

⑥先把社交场合的后来者介绍给先来者——让先来者优先了解情况。

⑦先把家人介绍给朋友、同事——让朋友、同事优先了解情况。

⑧先把非官方人士介绍给官方人士——让官方人士优先了解情况。

⑨如果一次要介绍两名以上的人士给另一方,先介绍身份地位高的。

(3)他人介绍的注意事项。

①介绍之前介绍者应先征求一下被介绍双方的意见,避免显得唐突、冒失,让被介绍者感到措手不及。

②被介绍者在介绍者询问自己是否有意认识某人时,一般不拒绝,实在不愿意时,应说明理由。

③介绍人和被介绍人都应起立,以示对对方的尊重和礼貌;待介绍人介绍完毕后,被介绍双方应微笑点头示意或者握手致意。

④在宴会、会议桌、谈判桌上,应视具体情况,介绍人和被介绍人可不必起立,被介绍双方可点头微笑致意;如果被介绍双方相距较远,中间又有障碍物阻隔,则可举起右手致意或点头微笑致意。

⑤介绍完毕后,被介绍者双方应握手致意,并且彼此问候对方。问候语有"您好""很高兴认识您""久仰大名""幸会幸会"等,必要时还可以进一步作自我介绍。

3. 集体介绍

集体介绍是他人介绍的一种特殊形式,是指介绍者在为他人作介绍时,被介绍者其中一方或者双方不止一个人,甚至有许多人。在需要做集体介绍时,一般参照他人介绍的原则进行。在做集体介绍时,应根据具体情况慎重对待。

（1）被介绍双方地位相似。

当被介绍双方地位、身份大致相似时，应先介绍人数少的一方，再介绍人数多的一方。

（2）被介绍双方地位不同。

当被介绍双方地位、身份存在明显差异，而且地位、身份明显高者为人数少的一方时，应先向其介绍人数多的一方，再介绍地位、身份高的一方。

（3）人数较多的双方介绍。

当被介绍双方均为多人时，应先介绍位卑的一方，后介绍位尊的一方；先介绍主方，后介绍客方。介绍各方人员时，应由尊到卑，依次进行。

（4）人数较多的多方介绍。

当被介绍者不止双方，而是多方时，应按照合乎礼仪的顺序，确定各方的尊卑，由尊而卑，按顺序介绍各方。如果需要介绍各方的成员时，也应按由尊到卑的顺序，依次介绍。

（二）介绍礼仪规范

1. 自我介绍礼仪规范

（1）找准时机。在应聘求职，应试求学，在社交场合中与不认识的人相处或有不相识者要求做介绍，前往陌生单位，进行业务联系时，因业务需要，在公众场合进行业务推广时都可以做自我介绍。

（2）先向对方点头致意，得到回应后再向对方介绍自己。

（3）注意时间。自我介绍应言简意赅，尽可能节约时间，以半分钟左右为宜，可利用名片、介绍信加以辅助。

（4）讲究态度。进行自我介绍，态度一定要自然、友善、亲切、随和；应落落大方，彬彬有礼；语气自然，语速正常，语音清晰。

（5）内容真实。当得到对方回应后再向对方介绍自己的姓名、身份、单位等。内容要真实可信、实事求是，不可自吹自擂、夸大其词。

2. 他人介绍礼仪规范

（1）介绍时使用尊称。

当介绍长辈或领导时，一定要使用尊称及职称来介绍，一来会让被介绍者感到受到尊重，二来也会表现出你的礼貌及教养。

（2）彼此介绍而非单方面介绍。

介绍他人时不要只介绍一方，而对另一方不管不顾，这是非常不礼貌的行为，会让对方感到尴尬，应避免。

（3）介绍他人时要起身站立。

在介绍他人的时候，请起身站立，规规矩矩地介绍，不要坐着介绍他人，长辈或领导可除外。

（4）征求彼此意见后才可介绍。

被介绍的双方如果彼此是敌对关系，或者是不应该认识的关系，那么在介绍前一定要征求对方的意见，不然的话请不要做正式介绍。

任务二 见面与交谈礼仪

任务引入

今天光亚旅游公司门市实习接待员李军非常高兴,他协助跟进的××公司50人团的海螺沟冰川三日游(8月26—28日)由公司负责人张总前来和光亚门市的王经理签订了合同。王经理很开心,李军也很兴奋。张总临走的时候王经理一直将客户送到门口,还目送张总离开。李军却感到很疑惑:"平时教导我见到客户要主动热情握手以示欢迎,表示感谢也可以握手,怎么张总离开王经理却没有与他握手呢?他是不是忘记了?这是怎么一回事呢?"后来王经理对李军的疑问作了解答。原来,今天张总好像很忙,在签订合同之前他接听了一个电话,在电话中表示稍后会与对方面谈。所以旅游合同一签订,他就立刻告辞了。虽然握手可以表示感谢、合作成功的意思,但是在这样的情况下,如果王经理主动伸手相握,难免造成催促张总离开的意思。李军一听仿佛明白了什么,你从中体会到了什么呢?

首先,我们应该熟悉旅游接待人员的握手礼仪的基本要求,了解握手礼仪的时机、顺序和方式等。

其次,我们应该了解旅游接待的基本要求,针对具体情况灵活加以运用,提高自己的职业素养。

理论知识

一、见面礼仪

人与人之间的交往都会涉及见面礼仪,见面礼仪是日常社交礼仪中最常用与最基础的礼仪,尤其是从事服务行业的人,掌握一些见面礼仪,既能给客户留下良好的第一印象,又可以为以后顺利开展工作打下基础。常见的见面礼仪主要有以下六种。

(一)握手礼

握手是大多数国家见面和离别时相互致意的礼仪,也是人们见面相互问候的主要礼仪。在工作或生活中表示祝贺、感谢、安慰或相互鼓励都可以用握手礼来表达。如对方取得某些成绩与进步时,对方赠送礼品,以及发放奖品、奖状、发表祝词后,均可以握手来表示祝贺、感谢、鼓励等。

1. 握手的场合

(1)遇到多日不见的同事或久别重逢的朋友,应热情握手,以此表示问候、关切和感到高兴之意。

(2)在比较正式的场合和认识的人道别,或拜访他人辞行时,也应握手以表示希望再见之意。

(3)在以本人作为东道主的社交场合,迎接或送别来访者时;应握手表示欢迎、为相识而感到高兴,或者感谢对方赏脸光临。

(4)被介绍给不认识的人时,应握手致意,表示高兴,今后愿意建立联系或商谈工作。

(5)当对方获得好成绩、得奖或有喜事时,应握手表示感谢、恭喜、祝贺。

(6)向别人赠送礼品或颁发奖品时,应与馈赠人或颁奖人握手,以示感谢。

(7)得知别人患病、降职、失恋、失业或遭受其他挫折时,应握手以示理解、支持、安慰或鼓励。

(8)参加友人、同事或上下级的家属追悼会,离别时,应和死者的亲属握手,表示劝慰和请节哀之意。

2. 握手的方式

与他人握手时,神态应当热情、专注、友好、自然。握手时面带微笑,目视对方双眼,并且口头问候。向他人行握手礼时,通常情况下应起身站立。握手的标准姿势是行礼时走至距握手对象的 1 米处,立正,上身略向前倾,伸出右手,四指并拢,拇指张开与对方相握,上下稍许晃动三四次,随后松开手来,恢复原状(见图 4-3)。

图 4-3 握手礼姿势

握手的方式主要分为单手相握和双手相握。单手相握是最常见的握手方式,以右手单手与人相握,手掌垂直于地面为宜,它称为"平等式握手",表示自己不卑不亢。如果与人握手时掌心向下,则表示自己感觉甚佳,自高自大,这一方式称作"控制式握手",这种方式一般不采用,长辈或领导可除外。与人握手时掌心向上,表示自己谦恭、谨慎,这一方式称作"友善式握手"。双手相握,即用右手握住对方右手后,再以左手握住对方右手的手背。双手相握亦称"手套式握手",适用于亲朋好友之间,表情达意。一般而言,这种方式的握手不适用于初次见面者,也不适用于与异性之间的握手,因为它有可能被理解为讨好或失态。握手之间,为了向交际对象表示热情友好,应当稍许用力。与亲朋好友握手时,所用的力量可以稍大一些;在与异性握手或初次相识者握手时,则不能用力过猛。

3. 握手的顺序

在交际场合,握手时伸手的先后顺序有讲究。一般的顺序是女士、长辈、已婚者、职位高者先伸手,之后,男士、晚辈、未婚者、职位低者方可伸出手去呼应。若后者抢先伸出手去,如果得不到前者良好的回应,场面难免让人尴尬。而朋友和平辈之间则不用计较谁先谁后,一般谁伸手快,谁更为有礼。另外,在祝贺、宽慰,或表示谅解对方的场合下,应主动向对方伸手。当客来访时,主人应先伸手,以表示热烈欢迎。当客人告辞时,客人应先伸手,主人再伸手与之相握,才合乎礼仪,否则有逐客的嫌疑。在公共场合,如果你需要与之握手的人士较多,应注意握手的顺序,一般情况下,先同性后异性,先长辈后晚辈,先已婚者后未婚者,先职位高者后职位低者。也可以由近及远地依次与之握手。需要提醒的一点是,男士和女士之间,男士不能先伸手,不然会有失礼、占人便宜的嫌疑。

4. 握手的禁忌

(1)忌用左手,用左手握手是失礼行为,尤其是在与阿拉伯人握手时要牢记此点,因为在他们看来左手是不洁净的。

(2)多人相见时,忌交叉握手,即当两人正在握手时,第三者不要把胳膊从上面架过去急着和另外的人握手。

(3)在与人握手之后,不能立即擦拭自己的手掌,这等于暗示你嫌对方的手脏,好像与对方握一下手就会使自己受到"污染"。

(4)握手时眼睛要注视着对方,千万不要心不在焉、东张西望,这会使对方有不尊重之感。

(5)切忌时间过长,特别是男士与女士握手,停留时间的长短更应注意。

(6)当别人已伸出手来,应及时握住对方的手,切忌慢腾腾或迟迟不伸出手,这会让对方感到尴尬,尤其是女士不要软绵绵地把手递过去,作出一副冷冰冰的样子。

(7)握手时不能只握住对方的手指尖,正确的做法是要握住整个手掌。即使对异性,也要这么做。

(8)不要戴着手套与人握手,否则将是十分失礼的表现,如因故来不及脱下手套握手,则必须向对方说明原因并表示歉意。但是依据西方传统,地位高的人和女士有戴着手套与人握手的权利。

(9)忌拒绝对方主动要求握手,但手上有水或不干净时,应谢绝握手,同时必须解释并致歉。

(二)名片礼仪

名片是人们初次见面用于交际或送给他人作纪念的一种介绍性媒介物。它作为一种礼仪信物,早在我国西汉时期就已出现,当时因纸未发明,则削竹、木为片,上面写上姓名,称为"谒",后又改称"刺"。名片记载着个人的职业、职务等个人信息,是一个人身份、地位的象征。在现代的公共关系交往中,它既可以是自我的"介绍信",又可以是社交的"联谊卡",被认为是一个人的"第二张脸",起着证明身份、广结良友的重要作用。

1. 递交名片

递交名片应注意顺序,一般是地位低的人先向地位高的人递名片,男性先向女性递名片。当对方不止一人时,应先将名片递给职务较高或年龄较大者;如分不清职务高低和年龄大小时,则可先与自己对面左侧方的人交换名片,然后由近而远依次递送。递交名片应迅速,一般将名片放在容易拿出的地方,比较讲究的往往将名片放在较为精致的名片夹里。男士可以将名片放在西装口袋或公文包里,女士可以将名片放在手提包里。向对方递送名片时,应面带微笑,注视对方,将名片正面朝向对方,用双手的拇指和食指分别持握名片上端的两角送给对方。如果己方一开始是坐着的,应当起立或欠身递送,递送的同时说些礼貌友好的话语,例如:"这是我的名片,请多多联系""我是××,这是我的名片请收下""这是我的名片,请多关照"。总之,递送名片的动作要洒脱大方,态度要从容自然,表情要亲切谦恭(见图4-4)。

图 4-4 递送名片

2. 接受名片

接受名片时应立即停止手中所做的一切事情,起身或欠身,面带微笑,恭敬地用双手的拇指和食指接住名片的下方两角,并说"谢谢""能得到您的名片,真是十分荣幸"之类的礼貌语(见图4-5)。

接过名片后,应从上到下认真观看,阅读时可以将对方的姓名、职称念出声来,并抬头看看对方。看完后要郑重地将其放在名片夹里,以示尊重。如果是暂放在桌上,切忌在名片上放其他物品,也不可漫不经心地放置一旁或在手中摆弄。因为名片上印有对方的名字,因此,对其名片的看重亦表明对其人的尊重。回敬一张本人的名片。如身上未带名片,应向对方表示歉意并如实说明理由。比如:"很抱歉,我没有名片。"或"对不起,我今天带的名片用

图 4-5　接受名片

完了,过几天我会亲自寄一张给您的。"

3. 存放名片

一般来说,自己的名片,应存放在便于拿取的地方,不要将名片与杂物混在一起。对方尚未离开,或话题尚未结束,不能急于将对方的名片收藏起来。看完名片后要郑重地将其放在名片夹里,并表示感谢。切记不要把别人的名片和自己的名片放在一起,一旦混乱中误将别人的名片当作自己的名片送给对方,这将是失礼的。

4. 使用名片的注意事项

(1) 递名片时,文字的正面朝向对方。

(2) 忌用左手递名片,应双手或右手递名片。用双手接名片,以示重视。

(3) 接过名片后认真阅读,记住对方的名字,看不明白的地方,应虚心请教。

(4) 名片上切忌头衔太多,特别是一些旧的职称。

(5) 名片切忌过大,不方便对方存放,或者名片过小,不方便对方阅读。

(6) 名片上切忌带有香味。接受名片的人可能会对香味敏感或者抗拒,所以不宜采用。

(三) 其他日常见面礼仪

1. 鞠躬礼

鞠躬礼是中国、日本、韩国、朝鲜等国家传统的、普遍使用的一种礼节(见图 4-6、图 4-7)。

鞠躬礼表达"弯身行礼,以示恭敬"的意思。鞠躬礼分为 15°、30°和 45°的不同形式,鞠躬幅度越大表明向对方的敬意越深。也有 60°和 90°的鞠躬礼。基本原则:在特定的群体中,应向身份最高、规格最高的长者行 45°鞠躬礼(见图 4-8);身份次之行 30°鞠躬礼;身份对等行 15°鞠躬礼(见图 4-9)。

鞠躬时将帽子摘下,面对客人,并拢双脚,视线由对方脸上落至自己的脚前 1.5 米处(15°礼)或脚前 1 米处(30°礼)或脚前 0.4 米(60°礼)。男性双手放在身体两侧,女性双手合起来放在身体前面。

图 4-6　女士鞠躬礼

图 4-7　男士鞠躬礼

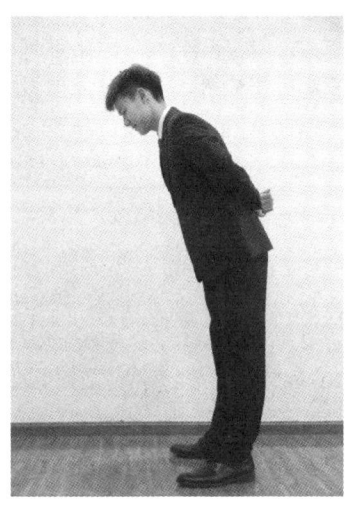

图 4-8　45°鞠躬礼

图 4-9　15°鞠躬礼

2. 拥抱礼

拥抱礼是同握手礼、接吻礼并列的重要的见面礼仪,盛行于世界许多的国家和民族之中。至亲好友见面,新知故友相遇,总要热烈地抱一抱或轻轻地搂一搂。拥抱礼不仅是人们日常交际中的重要礼仪,而且也是世界各国政府首脑外交场合中的见面礼节。两人正面站立,各自举起手臂,将右手搭在对方的左肩上面,左臂下垂,左手扶住对方的右后腰。首先向左侧拥抱,然后向右侧拥抱,最后再向左侧拥抱。

3. 亲吻礼

长辈与晚辈亲吻的话,长辈吻晚辈的额头,而晚辈吻长辈的下颌。同辈人或兄弟姐妹亲吻的话,只能相互贴一贴面颊。

4. 吻手礼

吻手礼即男士亲吻女士的手背或手指。吻手礼的接受只限于已婚的女性。男士以右手或双手轻轻抬起女士的右手,俯身弯腰用微闭的双唇,象征性去轻触一下女士的手背或手指。

5. 合掌礼

合掌礼又称合十礼。这种礼节通行于东亚和南亚信奉佛教的国家或佛教信徒之间(见图 4-10、图 4-11、图 4-12、图 4-13)。欧洲人非常注重礼仪,他们并不习惯与陌生人或初次交往的人行拥抱礼、接吻礼、面颊礼等,所以初次与他们见面,还是以握手礼为宜。

图 4-10　女士正面合掌礼

图 4-11　男士正面合掌礼

图 4-12　女士侧面合掌礼

图 4-13　男士侧面合掌礼

6. 点头礼

点头礼,也就是颔首礼(见图4-14、图4-15)。点头礼的做法是头部向下轻轻一点,同时面带笑容。注意不要反复点头不止,点头的幅度不宜过大。点头礼适用的范围很广,如路遇熟人或与熟人、朋友在会场、剧院、歌厅、舞厅等不宜交谈之处见面,以及遇上多人而又无法一一问候时,都可以点头致意。行点头礼时,最好摘下帽子,以示对对方的尊重。

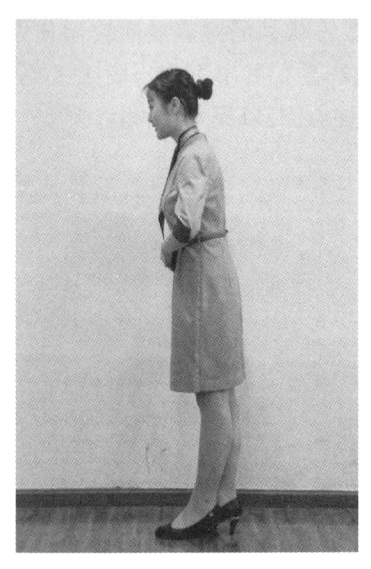

图4-14　女士点头礼

图4-15　男士点头礼

7. 举手礼

行举手礼的场合,与点头礼的场合大致相似,客观存在最适合向距离较远的熟人打招呼。行举手礼的正确做法是右臂向前方伸直,右手掌心向着对方,拇指叉开,其他四指并齐,轻轻向左右摆动一下(见图4-16)。不要将手上下摆动,也不要在手部摆动时将背朝向对方。

8. 微笑礼

现代职场,微笑是有效沟通的法宝,是人际关系的磁石。没有亲和力的微笑,无疑是重大的遗憾,甚至会给工作带来不便。善意的微笑表达尊重、友爱、关怀、欢迎、祝贺的意思,微笑礼的最大好处在于它作为一种简单的礼仪,可以与任何一种礼仪共同使用。发自内心的微笑,会自然调动人的五官:眼睛略眯起、有神,眉毛上扬并稍弯,鼻翼张开,嘴角上翘,唇不露齿,做到眼到、眉到、鼻到、嘴到,才会亲切可人,打动人心(见图4-17)。

(四) 见面礼仪规范

1. 握手礼仪规范(单手相握礼仪规范)

(1)握手行礼时走至距握手对象的1米处开始握手。

(2)握手时面带微笑,目视对方双眼,并且有口头问候。

(3)握手的标准姿势是双腿立正,上身略向前倾,伸出右手,四指并拢,拇指张开与对方

图 4-16 举手礼

图 4-17 微笑礼

相握,上下稍许晃动三四次,随后松开手来,恢复原状。

(4)握手的时间一般为 3—5 秒钟。

(5)握手要掌握好力度。为了向交际对象表示热情友好,应当稍许用力;在与异性握手或初次相识者握手时,不能用力过猛。

(6)当握手双方为同性时,要主动向对方发出握手邀请;当握手双方为异性时,往往是女士先伸手,男士不能先伸手,不然会有失礼、占人便宜的嫌疑。

2. 递送名片礼仪规范(以站立式递接名片为例)

(1)递名片时,文字的正面朝向对方。

(2)递送名片应迅速,一般将名片放在容易拿出的地方,比较讲究的往往将名片放在较为精致的名片夹里;不能把一叠名片全掏出来,翻找自己的名片,显得心不在焉、不尊重对方。

(3)递送名片时,应起身站立,走到对方面前,面带微笑,注视对方,将名片正对着对方,用双手的拇指和食指分别持握名片上端的两角送给对方。

(4)递送名片的同时说礼貌用语,或配以口头的介绍和问候,如"这是我的名片,请多关照"。

(5)递送名片的动作要洒脱大方,态度要从容自然,表情要亲切谦恭。

(6)如果同时向多人递送名片时,可以按由尊到卑或由近到远的顺序,依次递送。对以独立身份参加活动的来宾,也应该同样递送名片,不可只给领导和女士,给人以厚此薄彼的感觉。

3. 接受名片礼仪规范(以站立式递接名片为例)

(1)接受他人名片应毕恭毕敬,双手捧接或者用右手接,眼睛友好地注视对方,口称"感谢",使对方感受到你对他的尊重。

（2）接过对方名片后，应从上到下认真观看，最好将对方的姓名、职务轻声读出声来，以示敬重。看不明白的地方可以向对方请教。

（3）看完对方名片后要郑重地将其放在名片夹里，以示尊重。

（4）回敬对方一张本人的名片。如身上未带名片，应向对方表示歉意并如实说明理由。

二、交谈礼仪

交谈是指两个或两个以上的人进行对话，是表达思想及情感的重要工具，是人际交往的重要手段。俗话说"酒逢知己千杯少，话不投机半句多"正说明了交谈的好与坏直接影响着交谈的效果。在工作和生活中，交谈要谈得"情投意合"，却不是一件轻而易举的事。在交际应酬中，要想交谈圆满成功，就应该注重交谈的礼仪。

（一）交谈的作用

交谈是一门艺术，而且是一门古老的艺术。古人云"一人之辩重于九鼎之宝，三寸之舌强于百万之师"，在人类发展史上，交谈作为一种社会现象，是和人类劳动、生活、交际活动一起发展起来的。交谈是建立良好人际关系的重要途径，是连接人与人之间思想感情的桥梁，是增进友谊、加强团结的一种动力。"良言一句三冬暖，恶语伤人六月寒"，说明交谈在交往中的作用是举足轻重的。一个人善于交谈就能广交朋友，给人带来友爱，为社会增添和谐，就能享受到社会特有的友情与温暖。英国文豪萧伯纳曾经说过："你我是朋友，各拿一个苹果，彼此交换，交换后仍各有一个苹果；倘若你有一种思想，我也有一种思想，而朋友相互交流思想，那么，我们每个人就有两种思想了。"可见，通过交谈可以交流信息，深化思想，增强认识能力和处理问题、解决问题的能力。在交易应酬中掌握交谈的礼仪要求、提高交谈的语言艺术，对于提高工作水平和工作效率，也具有极其重要的作用。

（二）交谈的原则

1. 真诚坦率的原则

真诚是做人的美德，也是交谈的原则。交谈双方态度要认真、诚恳，营造融洽的交谈环境，才能奠定交谈成功的基础。认真对待交谈的主题，坦诚相见，直抒胸臆，准确明白地表达各自的观点和看法，只有用自己的真情激起对方感情的共鸣，交谈才能取得满意的效果。

2. 认同原则

交谈中，首先要对所谈论的内容表示认同。主要体现在"你说得对""其实我们的目的是一样的""我们很欣赏你的这种提法"等方面，只有建立在相互认同、观点统一的基础上，谈话才能够继续下去。

3. 尊重原则

交谈是双方思想、感情的交流，是双向活动。要取得满意的交谈效果，就必须顾及对方的心理需求。交谈双方无论地位高低、职务大小、年纪辈分的不同,在人格上都是平等的。交谈中切不可盛气凌人、自以为是、唯我独尊。所以,谈话时,要把对方作为平等的交流对象,在心理方面、用词方面、语调方面,体现出对对方的尊重。尽量使用礼貌语,恰当地运用敬语和自谦语,可以显示个人的修养、风度和礼貌,有助于交谈的成功。

4. 赞赏原则

"凡我所遇见的人都有比我优秀之处,我要向他学习。"在交谈的过程中要适时地赞美对方,表现出你对对方的欣赏。赞同、肯定的语言在交谈中常常会产生异乎寻常的积极作用。当交谈一方适时中肯地确认另一方的观点之后,会使整个交谈气氛变得活跃、和谐起来,陌生的双方从众多差异中开始产生了一致感,进而十分微妙地将心理距离拉近。赞赏的技巧表现在:要真诚、不做作、由衷地赞赏;要当面称赞;要适度赞赏,有分寸,不夸张;要准确赞赏,说出对方的优点称赞对方。赞赏对方的时候,要做到实事求是、内容具体、别出心裁等。

(三)交谈的礼仪

1. 交谈的语言要求

(1)恰当称呼,善于使用谦称敬语。

关于称呼详见前面的称呼礼仪,这里就不再多说。了解一些谦称敬语并灵活运用到交谈中是很有必要的。称呼尊长可用老先生、老同志、老师傅、老领导、老首长、老伯、大叔、大娘等。称呼平辈可用老兄、老弟、先生、女士、小姐、贤弟、贤妹等。称姓名敬辞可用贵姓、尊姓大名、尊讳、芳名(对女性)等。称年龄敬辞可用高寿(对老人)、贵庚、尊庚、芳龄(对女性)等。住处可用府上、尊寓、尊府;称见解可用高见、高论;称姓名为敝姓;称朋友为敝友等。

(2)语言要准确、幽默。

发音准确、音量适中、语速适当、语气谦和、内容简洁、准确、少用方言、慎用外语和网络语言。幽默在交谈中的作用是不可低估的。恰到好处的幽默能使人感到轻松愉快,使沟通的效果更趋完美,可以活跃交谈的气氛,还可以驱除交谈中的疲劳感,让人身心健康,甚至还能化尴尬为自然。一位到成都旅游的美国姑娘,在旅游过程中不小心被树枝钩破了心爱的上衣,为此她一直闷闷不乐。这时,导游人员上前微笑着说:"年轻漂亮的小姐不要生气,成都是最热情好客的,它见您是那么的美丽动人,故意以这种方式来挽留您,希望您永远记住成都这个美丽的地方。"话音刚落,周围的游客都会心地笑了,那位美国姑娘也转忧为喜,大家沉浸在一片欢乐之中。

(3)语言要文明礼貌。

交谈时应注意使用礼貌用语。常用的"五句十字"礼貌语:您好、请、谢谢、对不起、再见。与人打招呼时说"您好";对他人提出要求时说"请";得到别人帮助时说"谢谢";给人添麻烦时说"对不起"或"打搅了";别人向自己致歉时说"没关系";与人分手时说"再见"。此外,交谈中要讲究"四有四避":"四有",有分寸、有礼节、有教养、有学识;"四避",避隐私、避浅薄、避粗鄙、避忌讳。

2. 交谈的说话技巧

（1）注意谈话语音语调。

旅游服务人员的语音语调要柔和，语速适中，音量恰当，发音标准。

（2）注意谈话距离得体。

亲密距离：45厘米以内，是贴心朋友、恋人、夫妻、父母与子女之间的交谈距离。私人距离：45—120厘米，是亲属、朋友之间的交谈距离。社交距离：120—360厘米，属于礼节上较正式的交往距离，与同事共事通常保持这种距离。公共距离：大于360厘米，适用于开会或演讲。从礼仪角度讲，一般应保持半米到一米的距离为宜，这也叫"社交距离"。这样，既让对方感到有亲切的气氛，又能保持轻松、自然大方之感，在人的正常主观感受上最为舒服，交谈效果最佳（见图4-18）。

图 4-18　交谈的距离

（3）注意谈话内容恰当。

对于旅游服务人员来说，由于要时刻与旅游者进行直接沟通，随时的交谈是免不了的。交谈开始的时候要先寒暄，可以选择从赞美开始，也可以聊聊籍贯、毕业学校、所学专业等，避免单刀直入，使人产生反感。交谈中选择大家都可以介入、都方便发表意见的话题，如现场气氛、环境布置、天气、当日新闻等，不要只谈个别人知道的事而冷落了其他人。遇到不便谈论的话题，不轻易表态，应适当转移话题以缓和气氛。涉及对方反感的问题，应及时转移话题。

谈话内容一般不要涉及疾病、死亡等不愉快的事情，不谈一些荒诞离奇、耸人听闻、黄色淫秽的事情。一般不宜用批评的语气谈论在场者或其他相关人士，也不要讥笑他人。涉及个人隐私的话题（五不问：不问收入、年龄、婚姻家庭状况、健康状况、个人经历）。除此之外，对女士还不宜问衣饰价格等；交谈中也不宜用身体壮、保养好等涉及身体状况方面的模糊用语。不随便议论他人的宗教信仰和政治信仰，以免犯忌。

（4）交谈中学会倾听，及时回应。

倾听是对他人最基本的尊重，不仅能够获得更多的信息，还能更好地理解他人的想法。在交谈中，倾听有时比说更为重要。一个耐心的、善于听取别人谈话的人，容易得到更多人的信赖。交谈中聆听别人讲话时应注意：第一，不要随便插话，要耐心地听，即使有不同见解，也最好等对方说完后，再做回答。第二，借助表情等无声语言，适当地与对方保持眼神接触，身体稍稍倾向于说话者，面带微笑，适时点头，以表明你的专注、耐心与友好。一般来说，很熟的人之间谈话，可平视对方的眼睛；关系一般的人之间交谈，眼睛应平视对方的鼻子和嘴构成的三角区域。第三，设法使交谈轻松自如，不要让对方感到压力和拘束。

在交谈中应及时回应对方,在交谈询问的时候,应该特别注意以下问题:一是视对象而问,即要相应地了解所要询问的对象;二是要多使用开放式的问题;三是询问时的态度要谦逊;四是询问的时候,最好不要涉及机密或者询问对象的隐私,以免造成尴尬。对于提问者的提问,能够恰当地回答,能够显示出旅游服务人员的内涵、风度以及聪明才智,特别是回答有意刁难的问题。

任务三 网络及电话礼仪

任务引入

一天上午,光亚旅行社门市实习接待员李军接到一个电话,"喂,你是明辉旅行社的小赵吗?"李军一听对方要找的是自己的竞争对手,马上就说"你打错了"。随后"啪"的一下就挂断了电话。打电话的是王先生,他曾到光亚旅行社咨询成都—康定四日游的事宜。王先生回过神来,觉得心里很不舒服。为了这次旅游,他分别到光亚和明辉旅行社咨询过几次,想再具体了解并尽快落实,不想却被拒绝了。他也跟接电话的李军联系过几次,没有想到因为自己报错旅行社名称却遭到这种待遇,想想以前李军的温文尔雅、彬彬有礼都是装出来的,实际上却是这种嘴脸,王先生再也不想和光亚旅行社合作了。请问你知道李军错在哪里了吗?

(1)电话咨询是旅游咨询者通过电话向门市了解有关旅游产品及其他旅游服务方面的问题,是旅游咨询者最常用、最简便的咨询方式。

(2)了解电话礼仪、网络礼仪并能在工作中熟练运用是旅游服务人员的基本功。

理论知识

一、网络礼仪

随着科技的进步,电子商务和互联网的迅猛发展和广泛运用为旅游主体参加旅游活动创造了极大的便利,越来越多的人喜欢通过网络安排好旅游的吃、住、行等各方面,轻松出行。旅游网络化的趋势势不可挡、愈演愈烈。互联网与传统旅游业的结合,把旅游业推向了一个崭新的时代——网络旅游时代。

旅游企业从传统的有线网络网站预订纷纷涉足移动互联网,旅游业也寄希望通过移动营销来增加客源,为用户提供更加移动化、实时化、自主化、互动化服务已经是大势所趋。现代企业利用高速移动通信技术和以智能终端设备、云计算、物联网为支撑的智慧旅游目前已成为旅游的一种新形式。一方面,顾客通过互联网,在短时间内能够迅速了解到旅游企业的产品和服务,并可以感知到旅游企业的形象,同时还可以通过网站与顾客建立交互机制,从而能够不断完善旅游业务。另一方面,顾客对旅游企业网站进行在线查询与交易等活动,旅游企业逐渐满足旅游管理中的管理智能化、旅游个性化和信息对等化发展需求,从而提升旅游产业现代服务业的科技含量和服务质量。因此,旅游服务人员必须对旅游网络接待的礼仪规范有一定的了解和掌握。

(一) 网络礼仪的概念

网络礼仪是指在网上交往活动中形成的被赞同的礼节和仪式。换句话说,就是人们在互联网上交往所需要遵循的礼节,是一系列使人们在网上有合适表现的规则。在真实世界中,人与人之间的社交活动有不少约定俗成的礼仪,在互联网虚拟世界中,也同样有一套不成文的规定及礼仪,即网络礼仪,供互联网使用者遵守。忽视网络礼仪的后果,可能会让大家陷入"言者无意、听者有心"的困境,有可能对他人造成困扰,甚至引发网上骂战或抵制等事件,虽然不会像真实世界动武般造成损伤,但对当事人也不会是一种愉快的体验,所以,在网络中必须更加注意自己的言行。

(二) 旅游网络接待

1. 旅游网络接待的概念

简单来讲,旅游网络接待就是凭借以互联网技术为核心的电子商务网平台,旅游接待企业和消费者之间进行信息交流和产品服务交易的过程。旅游网络化,兴起于 20 世纪末,网络公司在投资商的支持下,在互联网上建立了专门服务于旅游者的综合网站,当旅游者通过访问这些旅游网站,收集全国各地的旅游信息,制定出游线路,预订各种交通票证、住宿房位、娱乐项目,并在网站帮助下完成"吃、住、行、游、购、娱"的旅游活动时,一次真正意义上的网络旅游便诞生了。目前,在我国有携程旅行网、华夏旅游网、梦之旅等较大的网络旅游接待企业,都发展得比较好。

2. 网络旅游接待模式

(1) 通过网络与客人沟通,达成交易意向。

(2) 客人支付旅游订金,预订旅游产品。

(3) 旅游接待企业安排旅游相关事宜,签订旅游协议或旅游合同。除了通过网络签订合同,还可以通过其他方式签订,例如传真、电子扫描、现场签订等方式。

(4) 提供约定的服务及售后服务。

3. 旅游网络接待礼仪规范

（1）网络方式使用的规范。

一方面，在使用 QQ、微信等在线工具时应注意语言规范。"您好"问候，"请"字开头，不能满足顾客要求说"对不起"，顾客等待说"请您稍后"。另一方面，在使用 QQ、微信等在线工具时应注意内容规范。通过 QQ、微信等其他网络在线等方式与客户进行有效沟通，了解客户需求，寻找销售机会；维护老客户的业务，挖掘客户的最大潜力；收集新客户的资料并进行沟通，开发新客户；定期与合作客户进行沟通，建立良好的长期合作关系。

邮箱的使用也应规范。添加邮件标题是电子邮件和信件的主要不同之处，用短短的几个字在主题栏里概括出整个邮件的内容，便于收件人区分轻重缓急，准确处理。千万不要空白标题，这是比较失礼的。标题要简短，不宜过长，不要让 outlook 用"…"才能显示完你的标题。最好写上来自××公司的邮件，以便对方一目了然又便于留存。标题要简明清晰，切忌使用含义不清的标题，如"王先生收"。为了引起收件人注意，可适当使用大写字母或特殊字符（如"＊"等）来突出标题，但应适度，特别是不要随便就用"紧急"之类的字眼。回复对方邮件时，根据回复内容需要更改标题。最重要的一点，主题千万不可出现错别字和不通顺之处。

（2）旅游在线咨询接待规范。

为了提高客户服务质量和顾客满意度，客服在线回复顾客咨询时应遵守以下内容：建立自动欢迎语、快捷回复语设置；主动询问，第一时间回应；显示客人咨询时间，及时回复（如遇到线上人数低于 4 人在线咨询的，客服回应顾客询问时间，不能超过 20 秒；顾客在咨询过程中，如遇繁忙时段人员超过 5—6 人同时在线咨询时，回应时间最长不得超过 60 秒）。加强售后跟踪、催单、联系处理、售后跟踪、催单跟踪。

（3）旅游在线预订接待规范。

如汽车、火车票、机票预订规范如下。

步骤一：统一问候语："您好，××国际，请问有什么可以帮助您？""您好，××客运站，请问有什么可以帮助您？"

步骤二：查询票务，了解客人的相关信息，包括客人的姓名，客人乘车、飞机的时间等，帮客人查询车票、飞机票的情况。如："×先生，您好，请问您是查询×月×日××到××的航班对吗？"

步骤三：注意礼貌用语，询问客人需求。如"请稍等，正在为您查询""很抱歉，让您久等了"等。

步骤四：确认客人的相关信息，包括乘车、乘飞机人员的姓名、相关证件等。

步骤五：复述补充，确保工作无差错的重要环节。如："跟您核对一遍，请问是××吗？"

步骤六：支付方式确定。

步骤七：再次核对票务信息。

步骤八：跟进或者话别。最后的礼貌是必不可少的，要解答客人关于酒店地理位置和交通的问讯。

二、电话礼仪

电话是人们在社会交往中使用最频繁、最重要的沟通工具。要正确地使用电话,不只是要熟练地掌握使用电话的技巧,更重要的是要自觉维护自己的"电话形象"。

(一)拨打电话礼仪

图 4-19 所示为拨打电话。

图 4-19　拨打电话

1. 时间适宜

(1)通话时机恰当。按照惯例,通话的最佳时间有两种:双方预先约定的时间;对方方便的时间。除有要事必须立即通告外,不要在他人的休息时间打电话。每天上午 7 点之前,晚上 10 点之后以及午休的时间、用餐之时最好不要打电话。打公务电话,尽量要公事公办,不占用他人的私人时间,尤其是节假日期间。

(2)通话长短有度。在一般情况之下,公务电话通话的时间应有所控制,基本要求是:以知为佳,宁短勿长。打电话者要言简意赅,讲清楚事情就可以了,以免耽搁了接电话方的时间。

2. 内容简练

(1)事先准备。在通话前,拨打者应做好充分准备。

(2)简明扼要。在通话时,拨打者讲话要务实不务虚;最忌讳拨打者讲话吞吞吐吐,含糊不清,东拉西扯。

(3)适可而止。拨打者在通话中要注意长话短说,适可而止。

3. 表现文明

拨打者在通话的过程中,自始至终都要文明大度,尊重自己的通话对象。具体来讲要注意以下几个重要环节。

（1）语言文明。在通话时，拨打者不仅不能使用"脏、乱、差"的语言，而且还须牢记，"三句话"是礼貌通话中必须有的：一是问候语，在通话之初，要向接听者问候"您好"，然后再说其他；二是介绍语，在问候对方后，接下来须自报家门，以便对方明确"来者何人"；三是道别语，在终止通话前，预备放下话筒时，应先说一声"再见"。

（2）态度文明。拨打者在通话时，除注意语言文明外，在态度方面也应注意。对于接听者，不要厉声呵斥，态度粗暴无理；通话时若突然被中断，理应由拨打者立即再拨，并说明通话中断是线路故障所致，不要不了了之；若拨错了电话号码，应对接听者表示歉意，不要一声不吭，直接挂断。

4. 语言简洁明了，音调适中

电话接通后，拨打者对接听者的讲话要务实，在简单的问候之后，开宗明义，直奔主题，不要讲空话、废话，不啰嗦、重复，更不能偏离主题、节外生枝或者没话找话。在通话时，最忌讳东拉西扯、思路不清，或者一厢情愿地倾诉，煲"电话粥"。通话时适当控制音量，在工作中找到一种最适合个人的声音，既符合规范，又悦耳动听，亲切自然，让客户感到舒适。

（二）接听电话礼仪

图 4-20 所示为接听电话。

图 4-20　接听电话

1. 接听生活电话礼仪

（1）铃响三声之内，迅速准确接听——"您好，请讲。"如果你觉得这样说非常别扭，那么也可以说："喂，您好！"

（2）如果此时不方便长谈，或者正有要事时——"不好意思，我现在不方便接电话，稍后打给您好吗？"

（3）如果对方要找的人此时不方便接听电话——"不好意思，他现在不方便接电话，您稍候打来好吗？"

（4）挂电话时——"再见"（等对方先说再见和挂电话）。

2. 接听工作电话礼仪

工作电话的要求高于生活电话或一般社交电话的要求。

（1）首先应做到迅速接听，尽量在铃响三次之前就拿起话筒。

（2）接听电话三部曲：主动问候—自报家门—询问帮助。其标准模式是："您好！这里是光亚旅行社门市部，我是李军，请问有什么可以帮您的吗？"

（3）选择合适的称呼。

（4）认真倾听并做出相应回答，比如用"嗯""好的""知道了"等短语作为呼应，让对方感觉到你确实在认真听。

（5）通话完毕之前，对对方所讲的时间、地点、电话等重要内容重新核实一下，防止自己记录或理解出现差错。尤其是预订客房、用餐、会议等电话，对于人数、起止时间、特殊要求等必须在全部询问完毕之后确认。

（6）致谢并道别。电话交谈完毕时，应尽量让对方结束通话，向他们道谢和祝福。等对方放下话筒后再轻轻地放下电话，以示尊重。

（7）如果自己接了电话，但电话是找别人的，不能只说一声"他不在"就把电话挂了。可询问对方是否愿意转达，如果对方愿意，要认真、准确地做好记录。代接代转电话时，要注意及时传达，尊重隐私。留言记录的要点有：打电话者的姓名、所属单位；转告的具体内容；是否需要回电，以及回电号码、时间；对方打电话的日期、时间；记录者要签名，这样以便同事询问相关细节。

（三）电话礼仪规范

1. 本人接听电话礼仪规范

（1）及时接听。电话铃响要立即停止自己所做的事，亲自接听电话。一般铃响三次拿起话筒为最佳时机。

（2）接电话时，一定要使自己的行为合乎礼仪规范，拿起话筒后，自报家门，并首先向对方问好。

（3）通话时要聚精会神地接听电话，通话终止时要向对方说"再见"。

（4）接电话时不要做别的事情，如在会晤客人或举行会议期间有人打来电话，可向其说明原因，表示歉意。

2. 代接电话礼仪规范

（1）接电话时，对方所找的人不是自己，应友好地问："对不起，他不在，需要我转告说明吗？"

（2）如果对方愿意，需要转达某事给某人时，要守口如瓶，尊重隐私。

（3）要认真、准确地做好记录，确保转达的内容正确无误。

（4）传达要及时。应将所需转达的内容及时转达给被叫人。

实践操作

■ **活动目的**：根据常用交往礼仪的组成要素，梳理自身或身边言行举止中存在的问题和短板。

■ **活动要求**："四有"模式（有发现、有描述、有分析、有纠正）。

■ **活动步骤**：第一步：发现。

第二步：对发现的现象进行准确描述。

第三步：对现象存在的问题进行分析，找出原因。

第四步：提出对现象问题进行纠正的途径。

第五步：进行小组分享。

■ **活动评价**：教师从完整度、精细度、分析深入度、纠正的落地性程度及小组成员的参与度五个维度设定相应分值进行评价，并对各小组的整体表现进行点评。

拓展提升

《旅游景区讲解服务规范》(LB/T 014－2011) 中"旅游景区电子讲解说明服务"

5.1 旅游景区电子讲解说明服务的设备与功能

5.1.1 器材选用

5.1.1.1 应根据讲解环境和游客的不同需要选择适应的讲解器材：除了空旷山野等必需外，景区的讲解不宜使用扩音器，以减少不同讲解员同时讲解时的相互干扰。

5.1.1.2 在游客比较密集且允许不同讲解同时进行的景区，以选用电子讲解说明服务设备为宜。

5.1.1.3 电子讲解说明服务设备，宜以不同器材对游客群体的适应度作出安排：

a) 可配备无干扰导游无线讲解系统，以用于对团队（或多人）的讲解；

b) 可配备自助电子语音讲解系统，以提供给有此需要的散客；

c) 可配备非语音查询说明设备（主要为台式或壁挂式触摸屏查询说明系统）以提供给游客自由使用；

d) 景区的大屏幕录像播放系统，可作为讲解活动的适度补充。

5.1.2 语音讲解器材要求

语音讲解器材包括：

a) 适宜团队使用的无干扰导游无线讲解系统,宜选用频率数值较高和工作频段数较多的设备,以保证语音的清晰和团队众多时的不同讲解;

b) 适应于散客的自助电子语音讲解系统,宜选用自动接收与自由点播相结合的产品(包括无线自行播放式、无线触点感应式,以及预存储手动数字选择式),手动数字选择式以能支持重复收听为宜;

c) 适应于散客的自助电子语音讲解系统,宜配有景区导游图,并适合在室外查看:

①导游图上应标有序号和讲解点名称;

②导游图上宜标有厕所、停车场、景区出入口。

d) 设备周转量宜与景区游客需求量大体适应;

e) 注意保障无线传输设备的使用安全,并避免雷雨天户外使用;

f) 景区应安排专用的消毒设施(或程序)及时对耳机与话筒进行消毒,以有利于游客与讲解人员的健康。

5.2 预录式语音讲解要求

5.2.1 预录语种要求

预录式讲解语种要求,与本标准讲解员现场讲解的4.2.3要求相同。

5.2.2 预录内容要求

预录内容包括:

a) 预录讲解内容的取舍原则及讲解方法、技巧,与本标准讲解员现场讲解的4.3.3相同;

b) 预录讲解内容应以游客游览线路和拟讲知识结构为次序,每一个讲解点都应独立讲述;

c) 预录讲解内容应具有较为权威的准确性,可依据已有的权威资料改写,亦可委托专业公司或专家撰稿;

d) 预录讲解内容宜有明确的知识产权说明。

5.2.3 预录翻译要求

预录翻译应符合:

a) 外语翻译应邀请有关专家工作,注意翻译中的"信达雅",以让外国游客真正了解景区所要传达给旅游者的内容;

b) 除对已有的权威性译文资料的利用外,应努力创造条件,争取外国专业人士参与外语翻译或校订;

c) 外语翻译亦应有有关译者的明确的知识产权说明。

5.2.4 预录配音要求

预录配音要求包括：

a) 预录配音语速不宜过快，要适应于游客的边走边听；

b) 预录配音亦应与景区地形地貌或环境呼应，并及时提醒该讲解点附近可能出现的不安全因素。

5.2.5 预录内容的更新与保存

预录内容的更新与保存包括：

a) 预录讲解内容应及时更新，旅游景区的语音讲解系统以配有专门的语音写入系统为宜，亦可委托有关专业服务的企业负责此项工作；

b) 旅游景区对语录讲解内容应建立明确的历史档案，其中应包括有关知识产权的保护与作者、译者的档案。

5.3 其他解说系统要求

其他解说系统要求如下：

a) 非语音查询说明设备（主要为台式或壁挂式触摸屏查询说明系统）和景区的大屏幕录像播放系统，是景区解说的补充性公共设施，具有条件的景区宜有适度的设置；

b) 景区内台式或壁挂式触摸屏的设置，景区的大屏幕录像播放，均宜有适当的场地；

c) 应保持设备的完好可靠，可以常年正常运行；

d) 对于景区的相关介绍，应有图文并重的设计与预录；

e) 应安排专人负责其运行管理；

f) 景区的相关介绍应有适时的更新；

g) 应保障游客使用触摸屏时的用电安全。

项目总结

文明礼仪是我们中华民族的传统美德，我们必须继承和发扬。旅游业是国家对外的窗口，旅游服务质量是旅游业的生命线。要提高旅游业的服务质量，关键在于提高服务人员的综合素质，特别是提高旅游服务人员文明礼仪这一最基本的素质。在这个项目中，我们学习介绍了称呼与介绍礼仪、见面与交谈礼仪、网络及电话礼仪等。

对旅游从业人员来说，这些礼仪都是在工作中必不可少的，是衡量服务质量高低的重要标志。通过本项目内容的学习和训练，掌握并能够根据不同的场合灵活应用不同的礼仪技巧，在工作中不断找差距、找短板，分析、改进、提高自己，在工作中应真正地做到"注重细节、追求完美"，才能让我们的旅游服务工作进行得如鱼得水。

项目训练

一、单选题(每题只有 1 个正确答案,请将正确答案前的字母填入题干中的括号内)

1. 以姓氏称呼是最常见的一种,如"老王""小张""大李""阿罗"是以姓氏称呼,它属于( )。

    A. 谦称   B. 尊称   C. 平称   D. 敬称

2. "各位来宾,大家好! 我叫张峰,我是光亚旅游公司的销售经理。我代表本公司热烈欢迎大家光临我们的展览会,希望大家……"这是属于( )自我介绍。

    A. 问答式   B. 礼仪式   C. 应酬式   D. 工作式

3. "家父""家母""愚弟""舍妹""小儿"属于( )。

    A. 平称   B. 降低辈分谦称   C. 谦称亲属   D. 直接谦称

4. 握手的标准姿势是行礼时走至距握手对象的( )米处,立正,上身略向前倾,伸出右手,四指并拢,拇指张开与对方相握,上下稍许晃动三四次,随后松开手来,恢复原状。

    A. 0.5   B. 1   C. 1.5   D. 2

5. ( )通行于东亚和南亚信奉佛教的国家或佛教信徒之间。

    A. 亲吻礼   B. 合掌礼   C. 吻手礼   D. 点头礼

6. 递送名片时,应面带微笑,注视对方,将名片正对着对方,用双手的拇指和( )分别持握名片( )的两角送给对方。

    A. 食指 下端   B. 中指 下端   C. 食指 上端   D. 中指 上端

7. 网络在线咨询应及时回复,如遇到线上人数低于 4 人在线咨询的,客服回应顾客询问时间不能超过( )秒。顾客在咨询过程中,如遇繁忙时段人员超过 5—6 人同时在线咨询时,回应时间最长不得超过 60 秒。

    A. 10   B. 20   C. 30   D. 60

8. 在接听电话时如果通话中途断了,应该( )。

    A. 不了了之

    B. 马上打过去询问原因

    C. 由接听者立即再拨,并说明话中断是线路故障所致

    D. 由拨打者立即再拨,并说明话中断是线路故障所致

9. 每日上午( )点之前,晚上 10 点之后以及午休的时间、用餐之时最好不要打电话。

    A. 7   B. 8   C. 6   D. 9

答案:1. C 2. B 3. C 4. B 5. B 6. C 7. B 8. C 9. C

二、多选题(每题有 2 个或 2 个以上的正确答案,请将正确答案前的字母填入题干中的括号内)

1. 他人介绍的形式有( )。

    A. 标准式   B. 强调式   C. 推荐式   D. 引荐式

2. 当不知对方姓名时,下列询问正确的是(   )。

A. "请问尊姓大名?"　　　　　　　　B. "请问您贵姓?"

C. "不知该如何称呼您,您是……"　　　D. "您叫什么名字?"

3. 下列称呼不合理的有(   )。

A. 那个戴眼镜的　　B. 王经理　　　　C. 黄毛　　　　　D. 大饼脸

4. 下列说法正确的是(   )。

A. 向别人赠送礼品或颁发奖品时,应与馈赠人或颁奖人握手,以示感谢

B. 参加友人、同事或上下级的家属追悼会,离别时,不要和死者的亲属握手以免晦气

C. 告辞时等客人先伸手后,主人再伸手与之相握,才合乎礼仪,否则有逐客的嫌疑

D. 多人相见时,为了节省时间可以交叉握手

5. 鞠躬礼分为(   )不同形式;度数越高表示向对方表达的敬意越大。

A. 15°　　　　　　B. 25°　　　　　　C. 30°　　　　　　D. 45°

6. 见面礼仪包括(   )。

A. 握手礼　　　　B. 名片礼　　　　　C. 鞠躬礼　　　　D. 举手礼

7. 拨打电话礼仪的要注意(   )。

A. 时间适宜　　　B. 内容精炼　　　　C. 语言文明　　　D. 态度文明

8. 拨打电话要文明,拨打者不仅不能使用"脏、乱、差"的语言,通话中必须有(   )。

A. 问候语　　　　B. 介绍语　　　　　C. 致谢语　　　　D. 道别语

9. 网络旅游接待模式有(   )。

A. 网络签订合同　　　　　　　　　　B. 电子扫描

C. 电子传真　　　　　　　　　　　　D. 用支付宝支付旅游订金

答案:1. ABCD 2. ABC 3. ACD 4. AC 5. ACD 6. ABCD 7. ABCD 8. ABC 9. ABCD

三、判断题(判断正误,并在题干中的括号内进行标注。正确的标注 T,错误的标注 F)

1. 介绍时都应五指并拢,掌心向上,指向被介绍一方。(   )

2. 介绍时还应讲究先后顺序,一般遵循"位尊者拥有优先知情权"的规则,先把家人介绍给朋友、同事。(   )

3. 介绍可分为自我介绍、他人介绍、集体介绍。(   )

4. 递交名片时双手递送,可以说"这是我的名片,请多关照"。(   )

5. 存放名片时,切记不要把别人的名片和自己的名片放在一起。(   )

6. 一般情况下,应双手递接名片,如果双手没空时可以用左手或右手递接名片。(   )

7. 为了引起收件人注意,可适当用使用大写字母或特殊字符(如"＊"等)来突出标题,但应适度,特别是不要随便就用"紧急"之类的字眼。(   )

8. 网络是虚幻的,可以不用在互联网上遵循礼节。(   )

9. 当客人查询票务时,可以这样说:"××先生,您好,请问您是查询×月×日××到××的航班对吗?"(   )

答案:1. T 2. T 3. T 4. T 5. T 6. F 7. T 8. F 9. T

项目五
旅游从业人员常用交往礼仪训练

项目目标

职业知识目标：

通过训练巩固所学的在日常交往中的礼仪知识。

职业能力目标：

1.通过本项目的学习和训练，能熟练掌握称呼、介绍、见面、交谈、接打电话等交往礼仪。

2.能根据不同的场合灵活运用交往礼仪，提高职业素养。

职业素养目标：

结合本模块教学内容，依照行业道德规范或标准，在日常交往中，灵活运用礼仪知识，提高职业素养。

知识导图

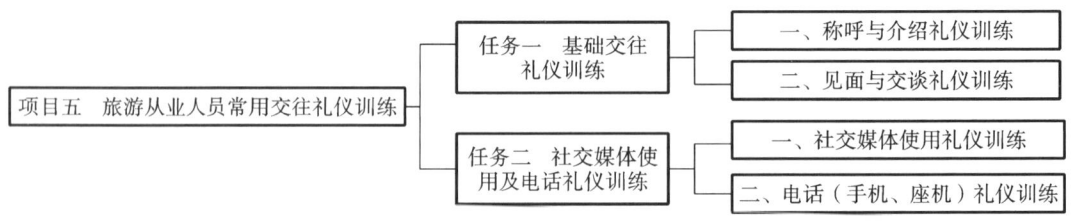

任务聚焦

1.能根据不同对象和场合灵活运用称呼礼仪、介绍礼仪。

2.能根据不同对象和场合灵活运用握手礼仪、递接名片礼仪、鞠躬礼、举手礼、微笑礼。

3.了解社交媒体使用礼仪，灵活运用电话礼仪，掌握其使用技巧。

4. 实践训练,习惯养成。

 **情景导入**

　　李军是光亚旅游公司的一名实习生,他在门市作为接待员实习已有一个多月的时间。他工作努力,积极认真,很快熟悉了工作流程。面对现场咨询的顾客,他根据旅游产品,适时建议和推销,基本能让顾客找到符合自己旅游心理需求的旅游产品,签下一些合同。可是由于公司人手不够,他也会帮忙进行电话咨询。让他万分尴尬的是,电话咨询时他总是漏洞百出,甚至遭到了客人的投诉,这是怎么一回事呢?

　　案例分析:

　　作为一名门市接待员,主要的工作是接待顾客推销旅游产品,对旅游从业人员的综合素质要求较高。电话咨询要求熟练掌握接听电话的工作程序,揣摩顾客心理,推销适合顾客的旅游产品,如果接电话的人啰嗦,语言重复,偏离主题,也会对工作效果大打折扣。作为旅游从业人员,修炼内功,加强业务培训是非常重要的。

任务一　基础交往礼仪训练

任务引入

　　有一位中国顾客要为一位外国朋友订做生日蛋糕。他来到一家酒店的餐厅对服务小姐说:"小姐,你好,我要为一位入住你们酒店的外国朋友订一份生日蛋糕,同时做一份贺卡,你看可以吗?"小姐接过订单一看,忙说:"对不起,请问先生,您的朋友是小姐还是太太?"这位先生也不清楚这位外国朋友结婚没有,他也从来没有打听过,他为难地抓了抓后脑勺:"小姐? 太太? 一大把岁数了,太太。"生日蛋糕做好后,服务员按照地址到酒店客房送生日蛋糕,一名女子开门后,服务员有礼貌地说:"请问您是怀特太太吗?"女子愣了愣,不高兴地说:"错了!"服务员很茫然,抬头看了看门牌号,再回去打电话问那位先生,没错,房间号码没错。再敲一遍,开门,"没错,怀特太太,这是您的蛋糕。"那位女子大声说:"告诉你错了,这里只有怀特小姐,没有怀特太太。"啪一声,门被用力关上,蛋糕掉地。

　　分析:生日蛋糕为什么被拒绝?

　　(1) 尊重客户的风俗习惯,办事不能想当然。

　　(2) 学会正确地称呼对方不仅是个人的修养,更是工作中的必备技能之一。

<hr>

理论知识

<hr>

一、称呼与介绍礼仪训练

（一）称呼礼仪训练

1. 常见的称呼礼仪训练

（1）了解并掌握称呼礼仪的要点和规范标准。

（2）播放各种见面时的称呼礼仪影像视频，使学生完全领会各种称呼礼仪要领。

（3）要求学生按照常见的称呼礼仪规范标准和影像动作，两人一组进行训练。

（4）老师观察并指出学生的不足。

2. 情境导入训练

将学生分组，按照以下情境进行模拟训练。

情境一：导游小李接待一个来自中国台湾的探亲旅游团队，共计 15 人，该团平均年龄在 66 岁以上，请按称呼礼仪规范进行模拟训练。

情境二：导游小李接待一个来自日本的旅游观光团队，共计 20 人，该团平均年龄在 55 岁以上，请按见面礼仪规范进行模拟训练。

情境三：以 5 人为一组，进行一个客户来访的接待练习，主要扮演旅游者、接待人员等不同的角色。

（二）介绍礼仪训练

1. 常见的自我介绍训练

（1）了解并掌握介绍礼仪的要点和规范标准。

（2）播放各种见面时的介绍礼仪影像视频，使学生完全领会各种介绍礼仪要领。

（3）要求学生按照常见的自我接受、他人介绍、集体介绍礼仪规范标准和影像动作，两人或两人以上为一组进行训练。

（4）老师观察并指出学生的不足。

2. 情境导入训练

情境一：假设你是一名高一旅游班的新生，请在班里做一个 1 分钟左右的自我介绍。例文如下：

尊敬的各位老师，亲爱的同学们：

大家上午好！

我是××，来自××中学，今年 16 岁。我性格活泼开朗，喜欢唱歌、看电影、旅游，我选择了旅游专业，希望自己能做一名导游，在工作中游览中国的山川大河，无限风光，品尝国外的美酒佳肴，领略异域文化。很高兴能和大家在同一个班级学习，这是一种缘分，也是一种福气。我知道在座的各位都是很优秀的学生，希望在以后的日子里请大家多多指教。我很喜欢交朋友，我想和班上的每位同学都能成为朋友，为这三年写下最光辉、最绚丽的一章。我希望我们班能成为高一年级最闪亮的一颗星。假如我们能互相帮助，互相学习，我相信第一肯定是我们班，有句俗话说，爱拼才会赢。在这三年，我会努力学习，充分展示自己、锻炼自己，也愿意为班级贡献自己的绵薄之力。为了我的导游梦，我要努力奋斗。在此我祝愿每位同学通过自己的努力学习，三年后都有好成绩，考上自己理想的大学！谢谢大家！

高一学生自我介绍指导：

自我介绍要短小精悍，给人干练的感觉。说话一定要面带微笑，声音洪亮，注意演讲礼节。内容一般包括姓名，毕业于哪个中学，有什么兴趣爱好、特长；也可谈自己的理想、对人生的态度或座右铭，在新学期有什么打算等。要别人记住你最好从你的名字入手，可以以一个和你的名字有关的故事、趣闻、名人入手，自我介绍宜以特色取胜，结尾不忘说谢谢。

情境二：假设你是一名××大学旅游专业即将毕业的大四学生，你将应聘光亚旅游公司销售部，今天要参加公司面试，请做一个 1 分钟左右的自我介绍。

情境三：假设你是一名在光亚旅游公司的导游，你的同学想跳槽到你工作的公司，你与他在咖啡厅遇到了你的上司，你将如何介绍双方？

情境四：假设你与你的父母外出，路上遇到了你的同事，你的父母也是第一次见到你的同事，你如何介绍他们？

情境五：学生以 3 人为一组，模拟扮演不同的角色，轮换进行介绍自己和他人的训练。

二、见面与交谈礼仪训练

（一）见面礼仪训练

1. 常见见面礼仪训练

（1）了解并掌握见面礼仪的要点和规范标准。

（2）播放各种见面礼仪影像视频，使学生完全领会各种见面礼仪要领。

（3）要求学生按照常见的见面礼仪规范标准和影像动作，两人一组进行训练。

（4）老师观察并指出学生的不足。

2. 情境导入训练

将学生分组，按照以下情境进行模拟训练。

情境一：导游小李接待一个来自日本的旅游观光团队，共计 20 人，该团平均年龄在 55 岁以上，请按见面礼仪规范进行模拟训练。

情境二：以 5 人为一组，进行一个客户来访的接待练习，主要扮演旅游者、接待人员等不同的角色。

（二）交谈礼仪训练

1. 熟悉掌握交谈礼仪规范的要点和标准

（1）保持恰当距离。

（2）恰当称呼他人。

（3）及时肯定对方。

（4）态度和气，语言得体。

（5）注意语气、语速和语调。

2. 话题交谈训练

给出一些交谈话题，将学生分组，分别选择一个话题进行交谈训练，并相互交流感想。教师观察学生的交谈细节，指出不足之处。

3. 角色模拟训练

A：王经理，光亚旅游公司门市经理。

B：张总，××公司负责人。

张总来到门市咨询海螺沟冰川三日游事宜，王经理接待了张总，请按照礼仪规范进行模拟训练。

（三）递接名片礼仪训练

1. 掌握和熟悉名片礼仪的训练要点和规范标准

（1）递名片的规范要点和规范标准训练。

（2）接名片的规范要点和规范标准训练。

（3）存放名片的规范要点和规范标准训练。

2. 示范、模仿训练

（1）老师和一名学生进行递送名片和接受名片的动作规范演示。

A：王经理，光亚旅游公司门市经理（老师扮演）。

B：张总，××公司负责人（一名学生扮演）。

张总来到门市咨询海螺沟冰川三日游事宜，王经理接待了张总，请按照递接名片礼仪规范进行模拟训练。

（2）学生两人一组，按照名片礼仪规范要求进行训练。

老师针对学生训练中出现的问题，指出学生的不足之处。

 # 任务二　社交媒体使用及电话礼仪训练

任务引入

　　一天上午,××公司行政处的王丽让实习生张浩帮她发 15 封 e-mail 给客户,确认他们是否都来参加下周六的酒会。可是过了几天,王丽仅仅收到了 5 封回执。她觉得很奇怪,于是让张浩检查已发邮件……原来张浩发的邮件虽然说清楚了是什么事情,可没有给出对方需要回复的期限,连标题栏都空着。你知道发邮件的礼仪知识吗?

　　(1)电子邮件礼仪代表着一个人基本的职业素质和为人处世的态度,涉及邮件方方面面的内容,千万不要掉以轻心。

　　(2)能准确无误地发送电子邮件是旅游从业人员必须掌握的基本交际礼仪之一。

理论知识

一、社交媒体使用礼仪训练

(一)网络论坛交流礼仪

1. 尊重其他网友

在网络论坛进行交流,应尊重其他网友的人格尊严。论坛里的发帖人,在网络世界俗称"楼主"。有的网友在回复帖子的时候,往往会出言不逊,大肆辱骂"楼主",如果不赞同"楼主"的观点或"楼主"描述的事物,可以心平气和地讨论,但是不应该对其进行人身攻击。特别要注意的是,要尊重他人的隐私,如果知道其他网友的真实身份,在没有征得对方同意的前提下,不要在论坛里私自公开对方的真实姓名和身份;不要在论坛里通过发其他人的隐私来吸引眼球,这是每位网民都应该做到的。

2. 了解网络语言

随着互联网的普及,现在年青一代网民为了彰显自己的个性或者谋求表达方便,开始用

同音字、音近字、繁体字、外文、异体字、特殊符号等来表达文字。为了便于与其他网民进行良好的沟通,应对网络语言有大致的了解。

3. 乐于分享

论坛就像居民社区,论坛上的网民就是社区里的居民,互相帮助,乐于分享自己的知识是值得赞扬的。

(二)电子邮件礼仪

电子邮件,又叫电子信函或电子函件。它是通过电脑网络向交往对象发出的一种无纸化电子信件。其收发过程与普通邮件的收发过程很相似,普通邮件是通过邮局发信和收信,电子邮件是通过电子邮件服务器发信和收信,它作为商务联络工具,具有方便、快捷、经济、高效、可靠性高等特点,在商务往来中发挥着越来越重要的作用。

1. 电子邮件的撰写与发送

向他人发出的电子邮件,一定要缜密构思,精心撰写。

(1)电子邮件的内容与纸质书信一样。

一般应包括称呼语、问候语、正文内容、文末致敬、签名等,在书写电子邮件时,应尽量少用网络流行用语或者网络简写语,用语也不能太随便,签名后面应加上自己的单位、部门和办公电话,以便他人与自己联系。在发出邮件之前,检查收件人的邮箱地址和内容,避免出错,经检查无误,一次性发送。发信前要对系统进行病毒扫描以免不小心把病毒带给收信方。

(2)主题一目了然。

让收信人知道信的主旨,并能引起读信人的兴趣。如祝贺生日、传送文件、传达商务信息、研讨××问题等,一般用几个字概括即可。如另外有"附件",一定要在信中说明。

(3)内容简明扼要。

如果不包括对方所要的资料,信的内容一般不超过两个页面。

(4)抄送的时候注意隐蔽收件地址。

有时一封电子邮件需要发给很多收信者,这时会有很多抄送地址,在抄送时最好选择能隐蔽抄送地址的功能,否则收信人会看到很多的电子邮件地址,一方面收件人会觉得发件人不够尊重自己,另一方面会暴露其他人的电子邮件地址信息。

2. 电子邮件接收与回复

(1)定期打开收件箱,查看有无新邮件,以便及时阅读与回复。

(2)收到来历不明的邮件,切勿匆忙打开,可先对其进行预防性杀毒,然后打开或者直接删除。

(3)及时回复公务或商务邮件,一般应在当天予以回复。如实在来不及作详细回复,也应先回信告诉对方已收到来信,如回复某人来信,可摘录部分来信原文,并答复对方提出的要求。

(4)定期整理收件箱,对不同邮件分别保存或删除。

（三）传真礼仪

传真是用户双方利用光电效应,通过安装在普通电话网络上的传真机,对外发送或接收书信、文件、资料、图纸以及照片的一种迅速高效的现代通信联络方式。传真以其传递迅速、逼真,使用方便、费用低廉等优点,已成为国内外普遍采用的一种通信联络方式,也是旅游界广泛采用的重要办公设备之一。利用传真进行联络时,应遵守以下礼仪。

1. 选择时间

向别人发传真,应该在接收方允诺的时间范围内传出,尤其要注意的是,应主动避开半夜、午休时间、节假日或工作最繁忙的时间。在没有获得对方同意的情况下发送传真是不礼貌的行为,容易引起接收方的反感,从而给工作带来不必要的负面影响。

2. 礼待对方

发传真时应有人文关怀,礼待对方。撰写传真时一般应有必要的问候语和致谢语,行文要正规,标点断句要准确,内容表达要清晰,最好分段落或用序号、短语精准地表达,使接收方能迅速掌握信息,这也是对对方的一种尊重。

3. 内容完整清晰

发传真方应检查是否在传真件上注明了发件人信息、传真号码、发送日期、总页数以及自己的有效联络电话。同时,也应写明接收方的信息,传真号码、所有的注释均应写在传真内容的上方,但不得触边,以避免传真机传送文件时被切掉,从而给接收方带来识别的困扰。发送传真时应尽量使用清晰的原件,避免发送后出现内容看不清楚的情况。传真件越清晰,自己重复工作的概率也就越低,接收方也容易获得好的心情,更能愉悦地投入工作。

4. 事前通报

发传真前,应先打电话给接收传真的单位或个人,询问对方是否可以接收传真,并说明资料,收到传真的一方也应给予及时回复,明确告知发送方自己已完整收到传真,会马上处理,请发送方放心。

5. 注意纸张

传真纸最好是白色或浅色。深色或深色宽条纹的信纸不但会耗去很多扫描时间,浪费更多金钱,也将影响双方传真机的寿命。

6. 及时回复、转交

收到传真后,应即刻通知对方,以免双方牵挂。需要转交、转达别人发来的传真时,应当从速办理,以免误事。

7. 注意保密

传真机的保密性不高,一份传真往往要经过几个人的眼和手,所以一般不用传真机传送保密性强的文件或材料,否则就会成为"公开的秘密"。传真完毕后,记住取走传真原件,避免信息泄露。如果有长期保管需要,应将传真件实物编号存档,并保持该传真机的电子影像;如果没有长期保管的需要,应及时予以销毁。

二、电话(手机、座机)礼仪训练

(一)座机电话礼仪训练

1. 掌握电话礼仪的要点和规范
(1)拨打电话的训练要点和规范标准。
(2)接听电话的训练要点和规范标准。

2. 模拟情境实训练习
电话响了,有人接起电话:"您好,××公司。""找一下服务部的小张,谢谢。""市场部?错了。"然后"啪"地挂了电话。
分析:
(1)请学生对该情境进行点评,哪些不符合电话礼仪?
(2)请两位同学对以上情境进行演练。
(3)老师指出学生扮演的不足之处。

3. 角色模拟训练
一位客人给光亚旅行社打电话咨询 11 月中旬成都—泸沽湖三日游事宜,请按照电话礼仪规范进行情境模拟。

(二)手机电话礼仪训练

1. 掌握电话礼仪的要点和规范
(1)拨打电话的训练要点和规范标准。
(2)接听电话的训练要点和规范标准。

2. 模拟情境实训练习
光亚旅游公司门市部的所有人员正在会议室开会,忽然实习接待员李军的手机响了,他只好埋下头接起电话小声地说:"您好,我是光亚门市接待员李军,请问您贵姓? ……""……"
分析:
(1)请学生对该情境进行点评,哪些不符合电话礼仪?
(2)请两位同学对以上情境进行演练。
(3)老师指出学生扮演的不足之处。

3. 角色模拟训练
一位客人给光亚旅行社打电话咨询 11 月中旬成都—云南八日游事宜,请按照电话礼仪规范进行情境模拟。

实践操作

■ **活动目的**：进行分项训练，可使学生迅速掌握常见交往礼仪的方法与技巧，把交往礼仪规范转化为日常的服务习惯。

■ **活动要求**："四有"模式（有发现、有描述、有分析、有纠正）。

■ **活动步骤**：第一步：发现。

第二步：对发现的现象进行准确描述。

第三步：对现象存在的问题进行分析，找出原因。

第四步：提出对现象问题进行纠正的途径。

第五步：进行小组分享。

■ **活动评价**：教师从完整度、精细度、分析深入度、纠正的落地性程度及小组成员的参与度五个维度设定相应分值进行评价，并对各小组的整体表现进行点评。

拓展提升

　　旅游网是旅游组织向公众展示旅游信息的平台，有官方旅游网站，也有私人旅游网站，官方的侧重政务，私人的侧重旅游市场及宣传，向广大旅游者提供旅游相关信息资讯、产品等信息。以下为大家介绍一些旅游网站。

　　（1）同程网，从一个漏雨小屋成长为中国最大的旅行社交易平台，在这里，你可以看到一群平凡的人正在做着不平凡的事情，中国唯一一个 B2B/B2C 双平台旅游电子商务网，CCTV《赢在中国》五强项目之一。

　　（2）中国通用旅游网，是新兴第四类旅游网站创建领跑者；是一个一切以满足游客出行需求为核心的综合性旅游服务网站；是高度集合了民主式、一站式、自助式特性的旅游大卖场。

　　（3）九游网，是国内专业旅游网站的后起之秀，一年零 2 个月的时间，20 万倾心于自助旅游的忠诚用户，独一无二的旅游互动资讯平台，自助旅游者的精神家园。九游网倡导互动、分享、友情、节约，成为中国在线旅游网站的第一品牌是九游网的最大心愿。

　　（4）旅游 ABC 网站，旅游 ABC 网站为旅游者和旅游产品经营者提供了供需双方直接交易场所，不仅为旅游者提供关于线路产品和线路目的地的全面有效信息，同时为他们建立了在线预订的通道。希望以此推动旅游产品电子商务的发展。

（5）小鹏·西部旅游在线,小鹏·西部旅游在线是广西和中国西部地区的第一个专业旅游网站,是集电子商务、在线信息查询、银行支付等功能的一个大型旅游网站。网络旅游产品信息和旅游服务涵盖广大中国西部地区、广东、海南,以及越南、缅甸等周边邻国。其市场定位是:依托中国东盟自由贸易区桥头堡中心枢纽广西南宁,服务西部、服务世界各地旅游者。

（6）旅行家天堂网,国内综合旅游门户前五名,200万旅行爱好者一起记录、探索、分享旅行和生活乐趣的在线社区。

（7）搜世界旅游网,搜世界旅游网是国内领先的旅游资讯导购平台,是国内领先的旅游批零交易市场。

（8）中华行知网,中华行知网的定位为网络版的中国国家地理杂志。要做最全面、最权威的旅游信息服务,目前网站的商业信息量是同类网站中最大的。

（9）乐途旅游网,是一家全球领先的在线专业旅游媒体,全球注册用户达128万,日均访问量达一千万次,黄金周前巅峰值流量达每天1369万人次,站内旅游行业客户达数万家。

（来源:中国品牌网,www.chinapp.com.）

📋 项目总结

礼仪是人际交往中相互沟通的技巧。现代人,不可不学社交礼仪。良好的社交礼仪有利于信息的交流,增进感情,也是建立商业合作、感情婚姻等关系的纽带。在这个项目中,我们通过大量的规范训练,进一步掌握了日常生活中称呼与介绍礼仪、见面与交谈礼仪、社交媒体及电话礼仪使用等,希望根据不同对象和场合灵活运用。

🎈 项目训练

一、单选题(每题只有1个正确答案,请将正确答案前的字母填入题干中的括号内)

1. 令尊是指（　　　）。

A. 自己的母亲　　　　B. 自己的父亲　　　　C. 对方的母亲　　　　D. 对方的父亲

2. 初次交谈见面要说（　　　）。

A. 拜访　　　　　　　B. 劳驾　　　　　　　C. 久仰　　　　　　　D. 久违

3. 拜访结束,客人起身离开时,主人一般应该送客人到（　　　）,然后再转身离开。

A. 楼门外　　　　　　B. 办公室门外　　　　C. 自己的视野之外　　D. 院门外

4. 当你的同事不在,你代他接听电话时,应该（　　　）。

A. 先问清对方是谁

B. 先记录下对方的重要内容,待同事回来后告诉他处理

C. 先问对方有什么事

D. 先告诉对方他找的人不在

5. 关于电子邮件,下列说法不正确的是(　　)。

A. 电子邮件的主题应一目了然

B. 电子邮件的内容与纸质书信一样,包括称呼语、问候语、正文内容、文末致敬、签名等

C. 电子邮件的内容尽量要具体详细,越多越好

D. 电子邮件要让收信人知道信的主旨,并能引起读信人的兴趣

6. 每日上午(　　)点之前,晚上 10 点之后以及午休的时间、用餐之时最好不要打电话。

A. 7　　　　　　　　B. 8　　　　　　　　C. 6　　　　　　　　D. 9

答案:1. C　2. C　3. C　4. D　5. C　6. A

二、多选题(每题有 2 个或 2 个以上的正确答案,请将正确答案前的字母填入题干中的括号内)

1. 拜访的礼仪包括(　　)。

A. 进门问候　　　　B. 按时到达　　　　C. 礼貌登门　　　　D. 言行适当

2. 工作交往中,介绍是人与人相互接触与了解的开始。一般来说,介绍的方式主要有(　　)。

A. 可以用地方方言来介绍　　　　　　B. 自我介绍

C. 用普通话来介绍　　　　　　　　　D. 通过中介者的介绍

3. 名片使用中以下描述错误的是(　　)。

A. 与多人交换名片时,由远而近,或由尊到卑地进行

B. 向他人索要名片应直截了当

C. 递名片时应起身站立,走上前去,使用双手或右手,将名片正面对着对方后递给对方

D. 若对方是外宾,最好将名片上印有英文的那一面对着对方

4. 双方通电话,应由谁挂断电话(　　)。

A. 主叫先挂电话

B. 被叫先挂电话

C. 尊者先挂电话

D. 不做要求,谁先讲完谁先挂,最好同时挂

5. 打电话应注意的礼仪有(　　)。

A. 选择恰当的通话时间　　　　　　　B. 通话目的明确

C. 事先准备好通话内容　　　　　　　D. 挂断电话时注意礼貌用语

答案:1. ABCD　2. BD　3. AB　4. AC　5. ABCD

三、判断题(判断正误,并在题干中的括号内进行标注。正确的标注 T,错误的标注 F)

1. 拜访他人必须有约在先。(　　)

2. 在社交活动中,对异性朋友,若关系极为亲密,则可以不称其姓,直呼其名。(　　)

3. 可以在名片上印制各种各样的图案、花纹等。(　　)

4. 观看演出时不要随意拨打电话或者接听电话。(　　)

5. 电话通话过程中,为了不影响他人,不使用免提方式拨打电话。(　　)

6. 不允许在公共场所旁若无人地使用手机。(　　)

答案:1. T　2. T　3. F　4. T　5. T　6. T

模块四

岗位礼仪

项目六
旅行社接待岗位礼仪

🐼 项目目标

职业知识目标：

1.通过本项目教学内容的学习,掌握旅行社主要接待岗位礼仪规范及职业素养。

2.掌握旅行社接待岗位基本流程与规范。

职业能力目标：

1.通过本项目的训练环节,能参照导游员、旅行社工作人员接待礼仪规范,进行相关对客服务。

2.通过对导游员、旅行社工作人员接待礼仪规范的了解,能针对性地收集相应案例,进行初步分析。

职业素养目标：

1.强化接待礼仪在对客服务过程中的运用。

2.初步打造职业礼仪意识,养成自觉性习惯。

🎭 知识导图

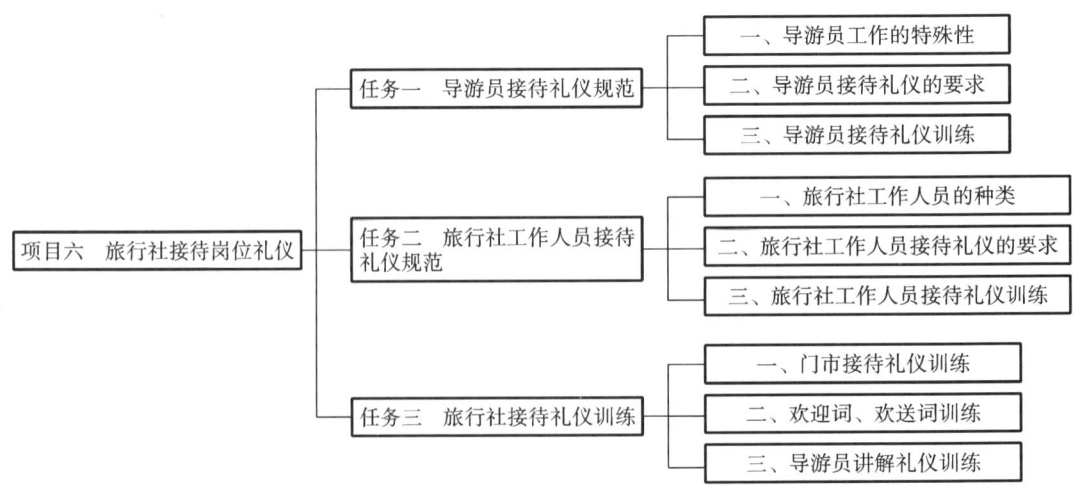

任务聚焦

1. 礼仪与旅游职业礼仪的重要作用。
2. 旅游职业礼仪与职业素养之间的关系。
3. 旅游职业礼仪与服务提升之间的互促。
4. 意识培养，习惯养成。

情景导入

旅行社张经理近期在游客意见反馈中总结出这样一个现象：在对客服务的相关环节，服务人员能够按照工作流程和要求完成对客服务的工作，也能够让游客得到相对愉悦的旅游体验；然而，游客总感觉在服务的过程中一板一眼完成工作任务居多，对游客体验和关注相对较少。张经理很纳闷，员工按照工作守则完成相关工作没错，但根据游客的反馈评价，服务人员的服务工作的确有待提高，应该如何改进才能够增强游客的舒适感、愉悦感呢？

案例分析：

规范的服务流程是工作的前提和标准，然而在规范的基础上为了提升游客舒适度、愉悦感，增加个性化、针对性的服务也是必不可少的。在导游、旅行社门店、景点讲解等具体对客服务窗口的岗位更是如此，对学生而言，只有不断重复、强化才能够让规范变得轻松自如、有人情味。

任务一　导游员接待礼仪规范

任务引入

小李是一名新导游员。由于赶上旺季，部门经理要求小李在正式上岗带团前提交一份关于导游员接待礼仪规范的书面材料，并能从仪容、仪表、仪态等方面进行现场展示。请问小李可以从哪些方面着手准备？

首先，小李应该再次梳理关于导游员接待礼仪规范的知识要点，为面试时的问答环节做好充分准备。

其次，小李应该再次设计和强化导游员接待礼仪规范中的仪容、仪表、仪态展示环节，与相关接待的特点进行结合，以礼仪展示为窗口，有效表现出个人在校期间形成的礼仪素养。

理论知识

一、导游员工作的特殊性

（一）工作的流动性

导游员的工作环境不是静止的。

（二）服务的主动性

导游员的职责决定了其是旅游团队的聚焦点，是带团过程中的重要人物。导游员与游客对旅游地所掌握的信息具有不对称性，因而导游员具有组织游客、联系、传播的职能。

（三）接触的短暂性

导游员为不同旅游团队的游客以及众多的散客服务，接待并为游客服务的时间相对较短，和游客的接触也不深入，即使遇上个别爱挑剔的游客也只是相处几天而已。

二、导游员接待礼仪的要求

（一）着装

1. 整体要求

导游员接待着装应整洁、大方、得体，体现年轻人的朝气和活力，符合导游员岗位的工作环境和要求，以方便开展服务工作（见图 6-1）。

2. 着装细节

夏季着装中，上装 T 恤应带领，不宜着圆领 T 恤或露臂服装；下装以休闲裤为主，不宜着短裤；一般应着轻便旅游鞋。冬季着装中，宜搭配户外运动服装。商务、政务团队接站时，着装应正式。

在少数民族风景区，为了突出当地民族特色，可着具有民族特色的服装，并佩戴一些不影响工作的饰物；同时，胸卡佩戴应规范。根据规定，导游员带团应佩戴导游证，导游证挂在脖子上，让其自然下垂在胸前即可。不宜着过于前卫、另类的服装。

（二）仪容仪表

1. 发型要端庄

导游员的头发应洁净、整齐，无头屑，不做奇异发型。女导游员不得染成异色和佩戴色

图 6-1 导游员着装

泽鲜艳的发饰;男导游员鬓发不能盖耳,不得烫发染发。

2. 妆容要适度

女导游员化妆宜浅淡,不能浓妆艳抹;不宜画过浓眼影,不宜戴长坠形耳环。化妆、补妆要回避游客。

3. 口腔无异味

导游员要与游客近距离接触,所以口腔卫生极为重要。

出团时不吃带有强烈异味的食物,如葱、韭菜、大蒜等。饭后要漱口,必要时可嚼口香糖来清洁口腔,但在服务过程中不可咀嚼口香糖。

4. 良好的卫生习惯

导游员应养成良好的公共卫生习惯,不随地吐痰,不乱扔果皮纸屑,不在他人面前剔牙齿、挖耳朵、掏鼻孔、打哈欠。咳嗽和打喷嚏不能面对他人,并尽量控制声音。

(三)言谈举止

1. 使用普通话

中文导游员应一律使用普通话进行服务,即使是面对本地游客时也应如此。

2. 使用文明礼貌用语和敬语

讲解要力求优美动听、亲切自然。"请"字当头,"谢"字随后,"您好"不离口。讲话客气,不使用强制性的语言。

3. 举止规范、得体、优雅

站姿规范、坐姿优雅、蹲姿得体、手势恰当,坚持微笑服务。请记住:最美的表情是微笑,它是一种没有国界的语言。

三、导游员接待礼仪训练

导游服务是与游客直接长时间接触的工作,导游员的形象和服务礼仪直接关系到旅游行业的形象,导游员的服务礼仪修养是解决旅游服务纠纷的润滑剂。

(一) 接待准备礼仪

导游员在拿到接待计划书之后,必须做好充分准备,因为这反映出一名导游员对工作的重视及态度。

1. 熟悉团队情况

(1) 掌握团队人数、成员构成、生活习俗、宗教信仰等情况。

(2) 获取领队、全陪或者联络人姓名、电话。

(3) 掌握旅游团的种类及费用的计算方法。

(4) 了解旅游团的等级、客源地、食宿标准、用车情况。了解游客在吃、住、行、游等方面是否有特殊要求,以及是否有需要特殊服务的游客(如残疾游客、高龄游客等)。

2. 准备工作资料

(1) 备好接站牌、导游旗、现金、导游证、记事本、各种需要的票据等。备齐并随身携带与接待社、车队、餐厅、饭店、剧场、商店、机场、车站等单位联系、咨询的联系方式,并检查自己的手机电量、资费是否充足,以保证通信联络畅通。

(2) 对将要前往的景点进行细致的了解。只有做好充分的准备工作,才能在接待工作中游刃有余,有效开展有针对性的服务。

(二) 接站服务礼仪

1. 迎候

导游员应该在旅游团出站前提前到达站点,并持接站牌在出口醒目位置规范站立。接站牌要醒目,容易辨认;接站牌应写清团名、领队或全陪姓名。接待小型旅游团或无领队、全陪的旅游团时要写上游客代表的姓名。导游员也可以从游客的民族特征、人数、组团社的社旗来判断或上前询问,主动认找旅游团。

2. 核对

确认团队后,导游员应首先作简短的自我介绍,并向游客表示欢迎。其次,认真核实该队的来源地、名称、领队、全陪姓名、人数等要素,防止错接。如与计划不符,应及时报告旅行社。最后,提醒游客检查和带好随身物品;如有遗忘,应立即协助当事人设法寻找。

3. 引导游客上车

引导游客上车时,导游员应恭候在车门旁,协助或搀扶游客上车就座。待游客坐稳后,先检查游客放在行李架上的物品是否放稳;再礼貌地清点人数,注意使用国际通用的点人方法:用目光默数,但不能数出声来。切记不得用手对游客指指点点。人数无误后,请司机开车。导游员在开始讲解工作前,要将移动电话调至静音或震动状态,无紧急事情不要在讲解中接打电话。

旅游车启动后,导游员应致欢迎词:介绍自己和司机,并代表旅行社对游客表示欢迎,表达热忱服务的态度,并介绍当天的目的地和旅游日程安排。同时,对旅游车经过的城市概况展开沿途讲解。

在使用车载话筒时,导游员应右手拿话筒,嘴不靠在话筒最上端,也不要让话筒遮住面部。

(三)入住服务礼仪

抵达酒店后,导游员应让游客尽快办理好入住手续,分发房卡,让游客尽快入住房间。

导游员要及时了解酒店的基本情况和注意事项,在游客进入房间之前,应向全团宣布有关当天或第二天的活动安排及集合时间、地点,安排叫早时间;并介绍住店注意事项及早餐时间、地点、形式。

在游客知晓随后的活动安排后,还要告知司机出车的时间、地点和行程。

(四)参观游览服务礼仪

参观游览是旅游活动的中心环节,也是导游服务的重要一环。参观过程中,导游员应努力做到礼貌服务、文明导游,通过周到的服务使游客愉快地感受各类旅游资源的魅力。

1. 出发前的准备

(1)至少提前10分钟到达集合地点,督促司机做好出发前的各项准备工作。

(2)若游客不再留住原酒店,应提醒游客带齐行李。

(3)核实和清点实到人数,对不随团活动的游客做好妥善安排。

(4)核实本团当天的午餐和晚餐的地点、时间、人数、标准、特殊要求,并确认无误。

(5)细心向游客提醒有关事项,如天气预报、游览地点的地形和行走时间的长短等,让游客做好相关准备工作。

(6)引导和协助游客上车。

2. 景点游览中的服务事项

(1)介绍当日活动安排。

(2)介绍沿途风景,耐心回答游客的各种问讯。

(3)组织娱乐活动,活跃车内气氛,或与游客讨论他们感兴趣的话题。

(4)到达景点前提醒游客记住旅游车的标志、车号、停车地点和发车时间,以及贵重物品应随身携带。

(5)强调进入景区的注意事项。

(6)讲解内容要因人而异、繁简适度,要突出景观特色和文化内涵。导游员在讲解时,语言应清楚明了、生动活泼,注意与游客互动,尽量满足游客的体验需求,不仅使游客增长知识,更让他们获得美的享受和快乐的体验。

(7)注意劳逸结合,并特别关照老弱病残游客。

（8）注意观察周围的环境，留意游客的动向，提示游客注意安全，防止游客走失和意外事件的发生。

（9）按计划带领旅游团到旅游定点商店购物。在游客遇到购物问题的时候，导游员应以游客的利益为重，耐心地帮助游客。进入购物店前，导游员应向游客讲清停留时间和购物的有关注意事项，当好游客的参谋，维护游客的利益，对有托运商品需要的游客给予协助。

（五）送客服务礼仪

旅游团结束本地参观游览活动后，导游员应带领团队顺利、安全返回，遗留问题应及时、妥善处理。

1. 送站准备

（1）核实、确认离站交通票据，以及游客离站（港）的人数、时间、班次（车次、船次、获航班）、目的地是否与计划相符。

（2）确定出发时间。根据旅游团乘坐不同的交通工具确定出发时间。游客若乘坐火车或者轮船离站（港），应提前 1 小时到达火车站或码头；若乘国内航班离港，应提前 1.5 小时到达机场。

（3）协助游客清点和整理行李，检查和归还保留的游客证件，提供费用票据。

（4）照顾游客上车入座，清点人数并再次提醒游客有无遗留物品，询问是否将证件随身携带。如无遗漏，则请司机开车。

2. 送行服务

（1）送站途中致欢送词。回顾旅游团在本地的旅游活动，使游客感到游有所值；感谢全体游客的合作，表达友谊和惜别之情；诚恳征求游客对导游服务工作的意见和建议；对旅游期间出现的不顺利或不尽如人意之处，向游客表示歉意或赔礼道歉，并祝游客返程顺利。同时，可将"旅游服务质量评价意见卡"发给游客填写并回收。

（2）抵达机场、车站、码头后，协助游客办理相关手续。

任务二　旅行社工作人员接待礼仪规范

任务引入

小李即将进入某旅行社工作。在正式上岗前，部门经理要求小李提交一份关于导游员接待礼仪规范的书面材料，并能从仪容、仪表、仪态等方面进行现场展示。请问小李可以从哪些方面着手准备？

　　首先,我们应该再次梳理关于旅行社工作人员接待礼仪规范的知识要点,为面试时的问答环节做好充分准备。

　　其次,我们应该再次设计和强化旅行社工作人员接待礼仪规范中的仪容、仪表、仪态展示环节,与该旅行社接待的特点进行结合,以礼仪展示为窗口,有效表现出个人在校期间形成的礼仪素养。

理论知识

一、旅行社工作人员的种类

　　旅行社的"龙头"性质,决定了它具有很强的综合性和协调性。它的岗位特点,表现在各自独立性较强,同时又讲究相互间的密切配合,从业人员精明而能干,吃苦又耐劳,并且有很强的公关能力。因此,旅行社的岗位特征表现为高水平、高素质、高协调性。

　　旅行社的职能基本一致,大型旅行社和旅行社集团分工比较明晰,注重专业化管理。与其他旅行社的区别,除了一般功能以外,主要还有对外合作与投资管理、网络化建设与管理,有的上市公司还设立了相关机构。中型旅行社的业务功能,则分为产品制作及销售部门、产品运作部门、管理和配套部门。小型旅行社则每人身兼数职,"麻雀虽小,五脏俱全",灵活高效,但专业性不够深入,操作尚处在初期阶段。

　　旅行社种类繁多,业务部门名称五花八门,情况复杂,目前传统旅行社的部门岗位及职责如下。

(一)旅行社总经理岗位职责

　　(1)全面负责旅行社的质量管理工作,确保旅行社各项工作安全、高效、运转正常。

　　(2)主持旅行社全体职工的政治、业务技能学习。

　　(3)按照质量管理体系文件的要求,组织制定并执行所属各部门的各项管理制度,组织对所属职工进行考核,确定职工待遇方案,按规定处理违法、违规事件。

　　(4)按月上报资产负债表、损益表、现金流量表等财务报表,完成集团下达的各项经济指标及其他各项工作任务。

　　(5)负责协调所属部门与社会各行各业的关系,不断拓宽业务关系网。

　　(6)合理安排工作人员的工作,充分发挥其工作积极性。

　　(7)严格管理旅行社财务,保证财务运转正常,对财务报表的真实性负全责。

　　(8)广泛收集信息,努力开发旅游产品。

（9）根据相关部门的要求，完成全年导游人员的培训工作。

（二）导游部职责

（1）完成旅行社下达的各项经济指标和工作任务。

（2）接受领导分配的导游任务，按接待计划安排和组织游客参观、游览。

（3）严格遵守《导游管理办法》，提供规范的导游服务。

（4）负责旅游过程中同各地接待旅行社的联系、衔接、协调工作。

（5）负责向游客导游、讲解、介绍目的地地方文化和旅游资源。

（6）按照旅游接待行程，安排好游客的交通、餐饮、住宿，保护游客的人身和财产安全。

（7）反映旅客的意见和要求，协助安排会见、座谈等活动。

（8）耐心解答游客的问讯，妥善处理旅游相关服务方面的协作关系以及旅途中发生的各类问题。

（三）研发销售部职责

（1）组织业务学习，参与踩线与旅游促销会。

（2）加强与景区地接社的合作，充分利用新型资源进行新产品的开发和促销。

（3）协调所属部门的各项工作，完成旅行社下达的各项经济指标。

（4）努力开发旅游资源、旅游产品，不断扩大业务范围及业务量。

（5）团队返回后，及时收集客人及导游的反馈信息。

（6）负责审定旅游选种及报价。

（7）完成旅行社领导交办的其他工作。

（四）计调部职责

（1）负责与旅行社、酒店的联系沟通工作。

（2）负责本社旅游团队住房、用餐、用车、导游服务等接待工作，做好团队有关单据的收发和登记工作以及团队档案整理工作，确保团队资料齐全，做好统计工作。

（3）掌握公司导游员的个人素质、带团技巧、从业记录等情况。

（4）负责按旅行社的要求安排导游员。

（5）负责导游服务质量、等级的划分和评定工作。

（6）负责导游员出团情况的统计工作。

（7）负责接待对导游员的投诉工作并及时提出处理意见报总经理。

（8）负责编写导游员带团过程中有价值的案例。

（9）负责导游员的档案、个人资料管理工作。

（10）负责导游员的各项社会保险工作。

（11）负责值班、会晤、电话、综合文件的起草，来信、来访以及来往文电的处理和文书档案的管理工作。

（五）财务人事部职责

（1）会计人员要以实际发生的经济业务为依据，记账、算账、报账，做到手续完备，内容真实，数字准确，账目清楚，日清月结，按期报账，如实反映财务状况、经营成果和财务收支情况。

（2）出纳人员做好日账，收支记录清晰，准确，无遗漏，银行清单保存完好，协助会计整理账目。

（3）实行会计监督。会计人员对本单位实行会计监督。会计人员对不真实、不合法的原始凭证，不予受理。对记载不准确、不完整的原始凭证，予以退回，要求更正补充。

（4）发现账簿记录与实物、款项不符时，应当按照有关规定进行处理。无权自行处理的，应当立即向本单位行政领导人报告，请求查明原因，作出处理。

（5）对违反国家统一的财政制度、财务制度规定的收支，不予办理。

（6）制定本单位办理会计事务的具体办法。

（7）参与制订经济计划、业务计划，考核、分析预算、财务计划的执行情况。

（8）人事管理人员参与人员招聘以及制订培训计划和方案。

（六）门市票务部职责

（1）接待来观光旅游的各旅游团体、零星散客，组织本地区各旅游团体、零星散客外出观光旅游。

（2）为来往旅游团体或个人提供旅游线路咨询，代购机、车、船票，代办订房等业务。

（3）广泛收集信息，努力开发旅游路线并推广。

（4）完成旅行社下达的各项经济指标和工作任务。

（5）加强门市接待人员的礼仪培训，规范操作。

（6）热情、微笑服务每位咨询出游的顾客，解答顾客提出的疑问，并做好相关记录。

（7）整理门市台账，做好客户资源档案，进行定期客户回访。

（8）及时处理相关客户的意见和投诉。

二、旅行社工作人员接待礼仪的要求

（一）热情友好，爱岗敬业

旅行社接待人员应开朗活泼、待人热情。在接待客人的过程中，要热情地对待每一位客人，关注客人的内心需求，以人为本，提供适合客人的人性化服务。

（二）仪表端庄，仪容大方

个人形象直接代表着公司的形象。旅行社接待人员要做到衣着整洁、仪表端庄、举止大方；坚持持证上岗，工作证佩戴规范；提供服务时，始终做到面带微笑，态度诚恳。

（三）顾全大局，团结协作

旅行社有许多岗位，而接待工作会牵涉许多部门和环节，因此要把工作干好，就要具有团结协作精神，与其他环节人员密切联系，以求问题得到圆满解决。

（四）诚实守信，依法办事

接待人员应遵守国家的各项法律法规，严格按照旅行社各项规定办事，讲求信誉，不做危害企业和游客利益的事情；尊重游客的宗教信仰和生活习惯。

三、旅行社工作人员接待礼仪训练

（一）门店形象

保持办公场所整洁美观，物品材料等摆放在规定位置。雨具放在门厅处指定地点，不能在办公室晾雨衣和雨伞。

开关门窗应小心，避免动作幅度过大。

车辆停放在指定的停车点，并保持车容整洁。

墙上勿随意钉钩和悬挂物品，张贴物应整齐、美观。

办公桌应保持整洁、无污痕，桌面和桌下请勿放置杂物，下班前将桌面整理干净。文具柜、办公桌内的文件应摆放整齐，重要文件锁入柜内。

工作时间内，办公场所禁止吸烟（客户有特殊要求的除外）。

办公室桌面不得杂乱摆放与工作无关的私人物品。

（二）个人形象

旅行社接待人员是旅行社的"窗口"和"门面"，接待人员代表着旅行社的形象，因此接待人员的职业形象特别重要。接待人员应做到仪容整洁、举止大方、谈吐彬彬有礼、佩戴工作卡上班；着装应稳重大方、干净利落。图 6-2 所示为旅行社工作人员个人形象。

坐姿端正，不要有不良习惯和小动作，姿态要优雅、规矩，要实时保持饱满的精神，并面带微笑。

服装要熨平，穿着要得体、协调、悦目。在上班时间不穿拖鞋、短裤、背心，不留长指甲，穿鞋应着袜，穿 T 恤衫应束腰，穿长袖衫不得卷袖子，穿长裤不得卷裤筒，穿西装要打领带。

女员工要化淡妆，勿戴过多饰品，穿裙子应同时穿长袜，不宜穿领口过低的衣服，不穿超短裙或皮短裙；男员工不能留长发、长须，应每天剃须，长衣和裤子、领带、手帕、袜子、鞋子等最好能相配，服装大小合身，符合季节要求。

注意口腔卫生，与人交流时口腔不应有异味，不要咀嚼口香糖。

（三）迎客礼仪

客人到店，笑脸相迎，能第一时间获得客人的好感。

图 6-2　旅行社工作人员个人形象

当客人踏进门时,应马上起身招呼,必要时应说"你好""欢迎光临"等之类的欢迎词,随后马上给客人引座。根据客人所需的业务范围将其引领到柜台前咨询区域。引领要配合适当的手势,要等客人坐下后方可入座。

（四）奉茶礼仪

客人到店,在引领就座后应立即为其奉上茶水。

（1）将泡好的茶端给客人时,最好使用托盘,若不用托盘,注意不要用手指接触杯沿。打开茶杯盖时,应用右手将茶杯盖内面向上放在台面上,不可直接将茶杯盖扣在台面上,有茶杯把的应手持茶杯把手,不可大把抓住杯体;没有茶杯把的拿杯子下段(玻璃杯、纸杯)。茶不要太满,水温不宜太烫,以免客人被烫伤。上茶时眼睛注视对方并说:"这是您的茶,请慢用!"同时有两位以上的访客时,端出的茶色要均匀,并配合茶盘端出。

（2）接待重要的客人时,应由本门店在场的职位最高者亲自为之上茶。上茶也是有规律可循的,先为主宾上茶,后为次宾上茶;先为女士上茶,后为男士上茶;先为长辈上茶,后为晚辈上茶。来客较多时,应从身份高的客人开始上茶。

（3）以咖啡或红茶待客时,杯耳和茶匙的握柄要朝着客人的右边。

（4）茶水的种类很多,除可以根据客人实际情况进行选取外,如遇天气炎热,还可准备冰水、温水等,以方便客人饮用。

（五）交谈礼仪

（1）与客人交谈可多用尊称及职务等,勿使用"喂"等不礼貌称谓,应注意声调适中,要有诚意,语言流利、准确。

（2）除了客户是同乡或其他极其特殊的情况下可以使用方言外,一律讲普通话。

（3）与客人交谈时要注意多用平视的眼神，目光柔和不躲闪，与人交谈时切勿用手或手中握的物件指向他人。

（4）交谈中善于倾听，对于重要地方需用笔记录。回答客人要做到：不敷衍、不推诿、不顶撞、不争吵、不嘲笑；不要随便打断别人；勿鲁莽提问，或问及他人隐私；避免卖弄机智和学识；不要言语纠缠不休或语带讥讽。客人提出的要求，无论门店有无能力解决，接待人员都应从帮助的角度回答，并伴有行动上的表示。交谈结束时，应简短话别。

（六）送客

在客人离开时，接待人员应起身热情送别客人，并欢迎客人再来。重要客人应送出大门，直到客人离开视线范围方可返回。送别客人时，以下做法是不可取的：一忌毫无离情别意，自顾打闹说笑；二忌不分关系，胡言乱语；三忌言语失态，缺乏控制。

任务三　旅行社接待礼仪训练

任务引入

小张是一名刚进入实习单位的学生，在进行了为期一周的跟岗实习后，实习指导教师要求小张提交一份关于旅行社接待礼仪的小论文。请问小张可以从哪些方面入手？

首先，小张应该再次梳理旅行社接待礼仪规范的知识要点，为小论文写作储备理论知识。

其次，小张应该再次设计和强化旅行社接待礼仪规范中的仪容、仪表、仪态展示环节，以实习为契机，将课堂所学运用到实际工作中。

理论知识

一、门市接待礼仪训练

作为服务企业，旅行社最能够体现服务内涵的就是一线直接面对游客的员工。前台是旅行社宣传的窗口，前台员工的素质，直接关系到旅行社的服务质量和企业形象。

（一）整理专业形象

1. 训练环节

（1）仪容仪表整理。

①训练要点：发型要整洁、规范，长短适中；女士化妆，男士胡子、鼻毛修整，口无异味；手部干净、指甲修剪整齐；着公司规定的职业装；佩戴好工牌。

②训练目的：在迎宾状态时规范仪容仪表，让游客对员工及公司形成良好的第一印象。

（2）仪态规范

①训练要点："站如松"——挺胸、收腹、沉肩、收颌；"坐如钟"——挺胸、收腹、平肩；"行如风"——优雅、稳健、敏捷；保持微笑。

②训练目的：在迎接游客、与游客沟通时规范使用。

2. 训练形式

学生在课前作好仪容仪表准备，将小组互评与老师评分结合，表 6-1 所示为仪容仪表考核表，总分 100 分。

表 6-1　仪容仪表考核表

序号	项目	分值	小组评分	老师评分	得分
1	职业装搭配得体	25			
2	佩饰（丝巾、领带、皮带）	15			
3	鞋袜	10			
4	头发	10			
5	手	10			
6	口腔	5			
7	化妆（女士）/修面（男士）	15			
8	工牌	10			

3. 训练心得

_____

_____

_____

_____

（二）电话礼仪

1. 训练环节

（1）接听电话训练。

①训练要点：铃响时间、通话内容、代接电话、同时有其他工作时。

②训练目的:"未见其人,先闻其声",给游客留下良好的第一印象,方便今后工作的开展。

(2) 拨打电话训练。

①训练要点:时间选择、场合选择、通话时间、通话内容。

②训练目的:在为游客推荐旅行线路产品时,建立友谊和信任的契机。

2. 训练形式

(1) 学生以 2 人为一组,按以下方式训练接听电话。

铃响不超过三声必须接听,如果超过三声,请先说致歉语:"抱歉,让您久等了。"

"您好! ××旅行社××门店。请问有什么可以帮您?"

根据客人谈话内容做好记录;结束通话时,重复要点。

"您好,王经理不在。请问有什么事,需要我帮您留言给他吗?"

如果还有别的事,暗示对方自己不方便深入交谈。跟对方约定其他方便的时间再打过去。"不好意思,您看什么时候方便我再给您打过去?"

(2) 旅行社门店拨打电话场景模拟训练。

假设你是旅行社门店服务人员,此时旅行社推出了一条新的旅行线路,要求你将此线路推荐给客人,请你按照下面的礼仪规范原则进行训练。

问候:您好! 您早! 等等。

自我介绍:××单位××部门××姓名。

通话时间三分钟原则,尽量用简明扼要的语言将需要说明的事情点出。

结束通话时应重复要点。

3. 训练心得

_____

_____

_____

_____

(三) 起身招呼

1. 训练环节

(1) 训练要点。

①动作:起身站立(双手交叉握于小腹前,收腹挺胸)。

②表情:眼神(注视上三角区,视线相互接触的时间通常占交谈时间的 30%—70%)。

③笑容(微笑)。

④语言:早上好! 欢迎光临××旅行社××门店!

　　　　您好! 欢迎光临××旅行社××门店!

(2) 训练目的。

旅行社作为旅游业一线服务企业,要求每个员工必须做到对客人主动和热情。

2．训练形式

（1）教师示范。

（2）2 人为一组，模拟角色进行演练。

（3）旅行社门店服务场景模拟训练。

3．训练心得

_____

_____

_____

_____

（四）引领就座

1．训练环节

（1）训练要点。

①引领：平地通道——在客人的左前方，与客人保持 0.5 米距离；楼梯——注意让客人靠墙，如客人是女士则走在客人的后方。

②就座：请客人入座；在座次上，面对正门的一方为上，应请来宾就座。背对正门的一方应是东道主就座；若宾客不止一人，则除主人与主宾之外，其他人员应按照具体身份的高低，由尊而卑，自右而左依次排列在主宾两侧。

（2）训练目的。

旅行社作为接待型企业，业务洽谈十分频繁，员工应熟知座次的安排。

2．训练形式

（1）教师示范。

（2）2 人为一组，互相演练引领及就座服务。

（3）旅行社场景模拟训练：接待 5 名客人，客人职务分别是总经理、副总经理、办公室主任及两名办事员。

3．训练心得

_____

_____

_____

（五）介绍与交换名片

1．训练环节

（1）训练要点。

①介绍顺序：主人先向客人介绍、晚辈先向长辈介绍、地位低的先向地位高的介绍。

②介绍内容：寒暄式，只报姓名；公务式，××旅行社××门店××职务××姓名。

③呈送名片:双手呈送名片,如遇到同时递名片则右手递自己的名片、左手接对方的名片。

④接到名片:接过客人名片后认真查看阅读名片上面的信息,遇到难认字事先询问;不要放在裤子口袋,可放在名片夹和上衣口袋。

(2)训练目的。

旅行社门市接待人员应学会与客人交流前先进行规范介绍,会递接名片。

2. 训练形式

(1)教师示范。

(2)2人为一组,互相演练介绍和递送名片。

3. 训练心得

_____

_____

_____

_____

(六)奉茶或咖啡

1. 训练环节

(1)训练要点。

①依照季节准备:根据不同季节准备热饮或者冷饮,或者询问客人是否需要茶、咖啡或其他。

②拿杯子的动作:手部不要碰到杯沿,右手握在杯子中间,左手托杯底。

③茶杯摆放:手柄转动方便客人取用,用标准蹲姿,如上咖啡应准备搅拌勺。

④奉茶顺序:从主宾开始,按身份的高低依次奉茶;如不分明则按顺时针奉茶。

(2)训练目的。

旅行社门店服务工作中学会正确的奉茶倒水能拉近与客人的距离,体现企业注重细节的服务要求。

2. 训练形式

(1)教师示范。

(2)旅行社门店模拟场景训练:2人为一组,一人扮演接待人员,另一人为游客,进行演练,再交换角色训练。

(3)小组展示:以小组为单位,在门店为多名游客进行奉茶服务。

3. 训练心得

_____

_____

_____

_____

（七）进行交谈

1. 训练环节

（1）训练要点。

①交谈的态度：表情自然，与客人有适当的眼神交流以表示礼貌，对客人说的话微笑点头表示认同；遵守注意倾听、谨慎插话的交流礼仪。

②交谈的方式：倾听并做好记录，启发引导，适时推荐。

（2）训练目的。

旅行社门店接待人员应充分让游客阐明需求，才能更了解对方的想法，适时提出有针对性的建议，使双方达成协议。

2. 训练形式

旅行社门店模拟场景训练：2 人为一组，一人扮演接待人员，另一人为游客。游客阐述自己的旅游需求，接待人员复述并提出建议、推荐产品、达成协议，再交换角色训练。

3. 训练心得

_____

_____

_____

_____

（八）结束商谈送客

1. 训练环节

（1）训练要点。

①约定回访：接待人员能复述谈话内容的重点，并跟客人约定下次电话和面谈时间。

②起身握手：待客人先起身，双方握手，引领客人走出店外，目送告别。

③语言：使用欢送语，如"谢谢您的光临！""欢迎下次再来！"

（2）训练目的。旅行社门店接待人员应保持来有迎声，走有送声，让游客充分感受到接待人员始终如一的热情。

2. 训练形式

（1）教师示范。

（2）旅行社门店模拟场景训练：2 人为一组，一人扮演接待人员，另一人为游客，进行送客演练，再交换角色训练。

3. 训练心得

_____

_____

_____

_____

（九）现场模拟训练

模拟场景：一天上午，旅行社门店接待比较忙碌，有数位老人一同前来门店进行赴云南丽江旅游的咨询，你作为旅行社门店接待人员，该怎么接待好这些老人，让他们满意？

标准：

（1）请数位学生扮演提问较多、固执于细节的老人，让一位学生扮演比较忙碌的门店接待人员，进行演练。

（2）"数位老人"和门店接待人员再现咨询和接待场景。

（3）对固执于旅游细节的老人，接待人员用正确和规范的服务表现出来。

（4）对固执于旅游细节的老人，接待人员用"以牙还牙"的不规范服务表现出来。

（5）请其他学生点评该过程中接待人员的处理方式哪些是正确的，哪些是错误的。

（6）教师最后进行总结。

二、欢迎词、欢送词训练

欢迎词是导游员树立良好的第一印象的关键所在，也是导游员能否在一开始就能拉进与游客的距离，消除其陌生感，从而在未来驾驭团队的重要武器。欢送词对导游员来说非常重要，它关系着一次旅游活动能否善始善终。欢送词的表达会起到锦上添花的作用，运用好欢送词，能有效避免缺乏沟通引起的误会。

（一）欢迎词训练

欢迎词是在导游员接到旅游团队后第一次和客人之间的交流，是整个旅游行程的开端。

通过致欢迎词，导游员将会给旅游团队成员留下第一印象。一个良好的第一印象，对导游工作的开展有很大帮助，甚至在一定程度上影响一次旅游活动的成败。掌握规范的欢迎词对于导游工作有着深刻的意义。

1．训练环节

（1）欢迎词的格式。

①训练要点：欢迎词的基本格式包括问候语、欢迎语、介绍语、游览注意事项和对游客的希望、预祝语等。

②训练目的：清楚欢迎词的格式，保证格式的完整性。

（2）欢迎词基本格式应用举例。

①训练要点。

基本格式例1：规范式。

来自××的朋友们：

大家好！一路辛苦了！首先请允许我代表××旅行社欢迎各位朋友来我市观光旅游。我姓桂，是××旅行社的一名导游，大家叫我"桂导"好了。这位是我们的司机×师傅。在我市旅游期间就由×师傅和我为大家提供服务，我们十分荣幸！大家在此旅游，可以把两颗心交给我们:一颗是"放心",交给×师傅,因为他驾驶娴熟,服务细致;另一颗是"开心",就交给桂导我好了。旅游期间,请大家认清导游旗的标志,以免跟错队伍。也请大家记清集中和游览时间,以免因一人迟到而影响大家的活动。旅途中大家有什么问题和要求,我们将尽力帮助各位解决。最后祝大家这次旅游玩得开心、吃得满意、住得舒适。谢谢!

基本格式例2:聊天式

各位来宾,大家早上好!首先,我代表司机,代表××旅行社欢迎大家来到美丽的海滨城市——大连,我是××旅行社的导游员,我叫何立宁,何是为何的"何",立志的"立",安宁的"宁",大家可以叫我小何。年龄小的可以叫我立哥。前方的是司机×师傅,×师傅有多年的驾驶经验,驾驶技术娴熟,所以大家在乘车过程中可以完全放心。

接下来这几天就由我和×师傅为大家服务。中国有句俗话说得好,百年修得同船渡。今天我们就"百年修得同车行"。我们大家由不同的地方走到同一个目的地,乘坐同一辆车,大家由不相识到相熟相知,这是一种很奇妙而又美好的缘分,那么就让我们将这个美好的缘分进行到底。小何先在这里预祝大家大连之行愉快,希望我们大连的好山、好水、好导游、好司机给大家带来一份好的心情,使大家带着对大连的期待和憧憬而来,带着对大连的满意和流连而归。最后祝大家在大连吃得舒心,玩得开心,住得静心。

②训练目的:在导游员致欢迎词时规范使用。

(3)欢迎词的礼仪要求。

①训练要点。

导游员在致欢迎词前要做好仪容、仪表(即服饰、发型和化妆)方面的准备。

导游证挂在胸前,自然下垂。

仪态要求:在车上站好,一手拿麦克风,一手扶住车把手。

②训练目的:在致欢迎词时规范的礼仪体现出导游人员对游客的尊重。

2．训练形式

(1)小组训练。

①分成小组,每人撰写一篇字数在100字左右的风格各异的欢迎词。

②各小组派出一名学生在班级进行交流。

(2)现场模拟训练。

①模拟场景:导游员向外校前来参观交流的客人介绍本校情况。

②具体步骤:随机性地抽取学生扮演导游员,其他学生扮演客人,要求扮演导游员的学生仪表整洁、仪态规范、口齿清晰,可以清楚、有条理地把本校的地理位置、发展历史、规模、校园建设和文化等内容介绍给客人,同时要求扮演客人的学生能够作出适当的回应与配合。

3．训练心得

_____

_____

_____

_____

（二）欢送词训练

欢送词是一行的小结，是导游员接待工作的尾声。这时导游员与游客已熟悉，还有的成了朋友。如果说欢迎词给游客留下美好的第一印象是重要的，那么我们认为，在送别时致好欢送词，给游客留下的最后的印象将是深刻而持久的。

1. 训练环节

（1）欢送词主要内容的要点构成。

①训练要点：欢送词要点包括感谢、惜别、征求意见、致歉、祝愿等。

②训练目的：掌握欢送词常规内容要点。

（2）欢送词基本格式应用举例。

①训练要点。

基本格式例1：抒情式。

各位朋友：

（语速放慢）虽然舍不得，但还是不得不说再见了，感谢大家几天来对我的工作的配合和给予我的支持与帮助，我自问是一个有责任心的人，但是在这次旅游过程中，还是有很多地方做得不到位，大家的支持和理解使我感动。也许我不是最好的导游，但是大家却是我遇见的最好的客人，能和最好的客人一起度过这难忘的几天，也是我导游生涯中最大的收获。作为一个导游员，虽然走的都是一些自己已经熟得不能再熟的景点，但每次带不同的客人却能让我有不同的感受，在和大家初次见面的时候我曾说，相识即是缘，我们能同车而行即是修来的缘分；而现在我觉得不仅仅是缘，而是一种幸运，能为最好的客人导游是我的幸运。我由衷地感谢大家对我的支持与配合。大家出来旅游，收获的是开心和快乐；而我作为导游员带团，收获的则是友情和经历。我想这次我们都可以说是收获颇丰吧。每次遇见都是久别重逢，我希望大家返程后和自己的亲朋好友回忆华东之行的时候，除了描述成都的风景如何漂亮、成都的美食如何美味之余，不要忘了加上一句，在成都有一个导游员小李，那是我的朋友！

基本格式例2：常规式。

各位朋友：

火车站就要到了，我也要和大家说再见了。常言道，"相见时难别亦难""送君千里终有别"。在此，我非常感谢各位朋友对我的工作的支持。短短几天时间，大家给我留下了非常深刻的印象，谢谢大家的支持！在这几天的服务过程中，若有不尽如人意之处，还请各位批评指正，您的意见将是我努力的方向，您的建议将是我改进的目标。

希望大家有机会能再来我市，欣赏这里的春季湖水、夏日荷香、秋天红叶和冬季雪花。一年四季的美景等着您，到时我再来给各位当导游。

最后祝愿大家一路平安！合家欢乐！身体健康！

②训练目的：在导游员致欢送词时规范使用。

（3）欢送词的礼仪要求。

①训练要点。

在饭店：导游员要提醒旅游者带好自己的物品和证件，特别是申报单上所列物品一定要随身携带,因为海关规定申报物品必须复带出境;向旅游者赠送有关宣传资料或小纪念品时的手势、表情等;向旅游者致欢送词时的表情、目光、姿态及手势等。

在机场(车站、码头):照顾旅游者下车;移交交通票据和行李卡时的手势;协助办理离站手续的礼仪;告别时的招手礼。

②训练目的:规范的礼仪会对导游员的服务形象再次进行巩固。

2. 训练形式

(1) 小组训练。

①分成小组,每人撰写一篇 100 字左右的风格各异的欢送词。

②各小组派出一名学生在班级进行交流。

(2) 现场模拟训练。

①模拟场景:导游员为模拟客人的班级同学致欢送词。

②具体步骤:随机抽取学生扮演导游员或由学生举手自荐,其他学生扮演客人,要求扮演导游员的学生仪表整洁、仪态规范,口齿清晰、声情并茂地致一段欢送词;要求扮演客人的学生能够作出适当的回应和配合;由学生对欢送词内容及模拟导游员的表情、声音、手势、仪表等进行点评;教师进行总结性点评。

3. 训练心得

_____

_____

_____

_____

三、导游员讲解礼仪训练

讲解是以旅游资源为载体,运用科学的语言和其他辅助表达方式,将知识传递给游客的一种互动过程。讲解是知识和语言的高度综合艺术,是专业性和艺术性的综合。

导游员是沟通旅行社、景区与社会的桥梁和纽带,是旅行社和景区的名片。导游员的综合素质对提高旅行社、景区的知名度、美誉度也有积极的影响。因此,导游员的讲解礼仪,在接待工作中显得尤为重要。

(一)讲解语言训练

1. 训练环节

(1)适度、优美的语音、语调。

①训练要点:导游员在导游讲解过程中的音量大小、声音高低要适度,以旅游者听清为准。

②训练目的:适度、优美的语音、语调能起到传递信息的最基本的作用,直接影响讲解服务的质量和效果。

（2）掌握讲解时间。

①训练要点：现场讲解若是遇上时间不充足，讲解内容将超出时间许可范围，导游员必须对所讲内容进行技术处理，灵活调整讲解内容。

②训练目的：掌握预定的时间安排，也是对游客的尊重。

（3）处理讲解中的失误。

①训练要点：讲解中发生了口误、记忆错误等问题时，应按正确的讲法重复一遍，勿使谬论流传。

②训练目的：确保讲解内容的可信度是诚信服务的表现。

（4）正确处理旅游者干扰。

①训练要点：给予恰当的回复，或者循循善诱，或者迂回回避，一般不应采取批评或者训斥的方式。

②训练目的：避免旅游者产生逆反心理和对立情绪，保障讲解工作的顺利开展。

2. 训练形式

（1）老师准备一篇人文类资源、一篇自然类资源的讲解词，请一位同学在教室内朗读人文类资源的讲解词，请另一位同学在教室外朗读自然类资源的讲解词。要求：确保全班每位同学都能听到，音量适度。

（2）教师准备一份 5 分钟左右的讲解词，但告知学生现在只有 3 分钟的讲解时间，请同学进行处理后现场进行讲解。

（3）在一名同学进行讲解时，请其他同学或私下讲话，或故意抬杠干扰讲解，训练其处理干扰的能力。

3. 训练心得

_____

_____

_____

_____

（二）口头语言训练

1. 训练环节

（1）优雅文明。

①训练要点：讲解用语要讲究优雅文明，切忌粗言俗语，避免使用旅游者忌讳的词语。注意常用敬语，包括礼貌用语、文明用语以及自谦用语等。

②训练目的：导游讲解的目的，是把美传递给旅游者。

（2）调节音量。

①训练要点：要根据游客多少及讲解地点、场合来调节音量。

②训练目的：在讲解过程中，如何调节好音量，是影响讲解服务质量的一个重要因素。

（3）控制语速。

①训练要点：导游讲解应善于根据讲解的内容、游客的理解能力及反应等来控制讲解语言速度。一般来说，讲解的语速应该掌握在每分钟200个字左右。

②训练目的：根据讲解内容控制语速，可以增强导游语言的艺术性。

2. 训练形式

（1）老师示范"迎送游客规范用语"。

——各位游客大家好，我是讲解员××，下面由我为大家讲解。

——欢迎参观××馆，请大家保持安静，由我为大家讲解。

——同学们好，欢迎你们参观××馆。

——您好，欢迎您。

——讲解到此结束，谢谢大家的配合，再见。

——景区游览到此结束，游客朋友们再见。

——讲解到此结束，谢谢大家。

——对不起，今天闭馆时间快到了，请您抓紧时间参观。

（2）学生在老师的指导下对"迎送游客规范用语"进行训练。

（3）导游讲解场景模拟训练。

假设你是一名导游员，正在带团参观武侯祠，请你根据讲解词，体会如何根据故事情节的舒缓表现口头语语速。（提示：普通情节的语速、紧要关头的语速）

3. 训练心得

_____

_____

_____

_____

（三）表情语（目光语、微笑语）

1. 训练环节

（1）目光语。

①训练要点：目光注视的方式一般为正视和环视，传递的是平等、自信、坦诚、认真、理智、庄重的信息；目光注视的部位是社交注视区（中三角区），传达的是礼貌、友好、庄重的信息；目光注视游客面部的时间占总时长的40%左右。

②训练目的：导游讲解中运用目光语会使讲解更富有表现力。

（2）微笑语。

①训练要点：面部表情亲切自然，嘴角微微上翘；必须在导游员和游客面对面3米左右的"能见度"内。

②训练目的：在导游过程中，如何调节好自己声音的音量，是影响导游服务质量的一个重要因素。

2．训练形式

（1）微笑练习法。

读"一""七""茄子""威士忌"等词练习嘴角肌肉的运动，使嘴角自然露出微笑；对着镜子来调整和纠正微笑，把手指放在嘴角并向脸的上方轻轻上提，一边上提，一边使自己充满笑意。

（2）筷子练习法。

①用上下两颗门牙轻轻咬住筷子，看看自己的嘴角是否已经高于筷子了。

②继续咬着筷子，嘴角最大限度地上扬。也可以用双手手指按住嘴角向上推，上扬到最大限度。

③保持上一步的状态，拿下筷子。这时的嘴角就是你微笑的基本形状。能够看到上排8颗牙齿就可以了。

④再次轻轻咬住筷子，发出"1"的声音，同时嘴角向上向下反复运动，持续30秒。

⑤拿掉筷子，观察自己微笑时的基本表情。双手托住两颊从下向上推，并要发出声音，反复数次。

⑥放下双手，同上一个步骤一样数"1、2、3、4"，也要发出声音。重复30秒结束。

（3）2人为一组，互相演练。表6-2所示为表情语训练内容及操作标准。

表 6-2　表情语训练内容及操作标准

训练内容	操作标准
注视的部位训练	1. 注视对方的眼神，表示自己对对方全神贯注，在问候对方、听取诉说、征求意见、强调要点、表示诚意、向人道歉、与人道别时，都应注意对方的双眼，但时间不宜过长，一般以3—5秒为宜 2. 注视对方的面部，最好是对方的眼鼻三角区，而不要聚集于一处，以散点柔视为宜 3. 注视对方的全身，同服务对象距离较远时，服务人员一般应当以对方的全身为注意点，尤其是站立服务时，往往如此 4. 注视对方的局部，服务过程中根据时间需要，多加注视客人的某一部分，例如在递送物品的时候，应注视对方手臂
注视的角度训练	1. 正视对方，在注视他人时，与之正面相对，同时还须将上身前部朝向对方，其含义表示尊重对方 2. 平视对方，即在注视他人时，身体与对方处于相似的高度，表示出双方地位平等，以及本人的不卑不亢 3. 仰视对方，即在注视他人时，本人所处位置比对方低，则需抬头仰望对方，可给对方重视、信任之感

（4）导游讲解场景模拟训练。

假设你是一名导游员，在为 20 名游客进行下面的讲解时，综合训练表情语的运用。

现在您来到的是大熊猫馆。我们都知道大熊猫是国宝，您还记得吗？在第九届亚运会上熊猫盼盼被选为吉祥物，它可爱的形象已经深深地印在人们心中。（微笑）

我们都喜欢大熊猫，又经常在电视上看到它，可您能说出大熊猫身上哪些部分是黑色的，哪些部分是白色的吗？这个问题看似简单，很多人还不一定能回答出来。让我们进去看看吧。（手势）

大熊猫不仅是中国人民的宝贵财富，在国际上的名望也很高，世界自然基金会把大熊猫作为会徽、会旗的图案，是保护和拯救全世界所有珍贵、濒危物种的标志。目前大熊猫的数量很少，它们生活在我国四川、甘肃、陕西三个省份的交界处，是中国的特产动物，国外展出的大熊猫全部是来自中国赠送和借展的。（眼神）

在 300 多万年前，大熊猫是一个相当繁盛的家族，它们过着"丰餐足食"的生活。后来，地球经历了冰河期，气候变得越来越冷，很多动物因为适应不了气候的变化被淘汰，只有少数大熊猫躲在高山深谷中生存了下来，成为动物界的"遗老"和"活化石"。难怪现在大熊猫的数量这么少。

现在我们已经看到大熊猫了，刚才的问题能回答了吧。原来大熊猫的四肢、眼睛和耳朵是黑色的，其他部位是白色的。

大家请看，这个馆的四周种的全是竹子，那它们除了竹子还吃其他东西吗？

其实远古时期的大熊猫是食肉动物，后来随着生活环境的改变才改吃竹子，直到现在，我们的饲养员每天还要喂它们一些像蛋、奶、肉之类的动物性食物，大熊猫每天除了吃 15－20 公斤竹子外，饲养员还加喂大米、窝窝头、牛奶、蔬菜、水果以及蜂蜜等。我们的饲养员对待大熊猫就像对待自己的孩子一样，无微不至地关怀和照顾着它们。在这里，它们一天当中有一半的时间都在吃，其余的时间不是玩就是睡觉，生活无忧无虑。如果您在上午 10 点到下午 3 点之间来看大熊猫，它们可能正在熟睡，请您谅解，这是它们多年来的生活习惯。（表情、眼神）

1955 年 3 月，北京动物园开始对外展出大熊猫。1978 年在全世界首次采用人工授精的方法繁殖大熊猫并成活；1992 年又成功地采用全人工育幼的方法饲养成活大熊猫幼子。现在这里一共有 8 只大熊猫，它们和人一样有着不同的性格，有的温驯，有的急躁，有的内向，有的外向。但总的来说，大熊猫这种动物非常聪明，记性也好。每天快到吃饭的时候，它们就会坐立不安地走来走去，稍微晚点开饭，它们就会敲打铁门催促饲养员喂食。

好了，大熊猫馆就给您介绍到这儿，我们继续观赏其他动物。（手势）

3. 训练心得

（四）姿态语（站、走）

1. 训练环节

（1）站姿。

①训练要点：导游员在景点站立讲解时，应双脚稍微分开（两脚距离不超过肩宽），将身体重心放在双脚上，上身直立，双臂自然下垂，双手相握置于身前。目光注视的部位是社交注视区（中三角区），传达的是礼貌、友好、庄重的信息。

导游员在大中型旅游车上站立时，可微靠司机身后的护栏杆，但一定要保持上身正直。

②训练目的：导游员在工作中优美的坐姿、立姿，动听的有声语言，再配合恰当的手势语一定能获得良好的表达效果。

（2）走姿。

①训练要点：训练各种动作的协调统一性。行走时，身体平衡，双臂摆动对称，各种动作协调一致。

②训练目的：在讲解等日常服务中展示优雅行姿。

2. 训练形式

（1）教师示范。

（2）2人为一组，配合讲解词互相演练。

（3）导游讲解场景模拟训练。

假设你是一名导游员，在为游客进行下面的讲解时，训练姿态语的运用。

"我们现在眼前的这条沟叫树正沟，长14千米，还有其他两条沟，则渣洼沟长18千米，日则沟长17千米。"（手势、眼神）

"我们将要到达的景点是进沟的第一个藏寨——荷叶寨，是九寨沟内繁华的村寨之一。"（手势、眼神）

"紧接着，我们将来到千姿百态的盆景滩。"（手势）

"我们欣赏了形态不一的盆景滩，下面我们很快将到达半沼泽湖泊芦苇海。"（手势）

"现在我们已经来到了双龙海岸边，请大家看您的脚下。传说因为两条龙玩忽职守，造成洪水泛滥，给九寨人民带来了无比的痛苦，格萨尔王一气之下将两条龙镇压在这里一大一小的两个海子中。在公路边能够看到一条小龙，在对面的栈道上可看到另一条细龙。九寨沟的水是九寨沟的灵魂，一步一变化，一步一个景，是一个容易让人激动的地方。请看这路旁水深9米的火花海，欣赏火花海的最佳时刻是太阳斜照的时刻。清晨，旭日东升，晨晕轻拂水面，湖上波光如焰，金碧耀眼；黄昏，落日斜照翠海，千万朵火花自水中绽开，灿烂热烈，无论春夏秋冬，只要有阳光，火花就会在湖面盛开、闪烁。"（手势、眼神）

3. 训练心得

_____

_____

_____

_____

（五）手势语（握手语、鞠躬语、招手与挥手语）

1. 训练环节

（1）握手语。

握手一般是交际双方互伸右手彼此相握以传递信息的手势语。

①训练要点：握手的顺序——男女之间，男方要等女方先伸手后才能握手；宾主之间主人应先向客人伸手；长辈与晚辈之间，晚辈要等长辈先伸手。握手的力度——在一般情况下，握手不必用力，握一下即可；在机场或车站送行或与旅游者告别时，导游员和旅游者之间已建立了比较深厚的友谊，握手时可适当紧握对方的手并微笑着说些祝福的话语。握手的时间——握手时间的长短可根据握手双方的关系亲密程度灵活掌握，导游员与旅游者初次见面握手时间一般不应超过三秒钟；对年龄或身份较高的旅游者应身体稍微前倾或向前跨出一小步双手握住对方的手以示尊重和欢迎；对于给予过导游员大力支持和充分理解的华侨，港、澳、台同胞及友好人士等更可加大些力度，延长握手时间，或双手紧握并说些祝福感谢的话语以表示导游员与旅游者之间的深厚情谊。

②训练目的：在导游员向游客讲解时规范使用。

（2）鞠躬语。

①训练要点：两脚并拢或成"V"字形，以髋关节为轴，上体带动头自然前倾，重心微后移，头、颈、背在一个平面；目光朝着受礼方向自然下移，不得斜视和环顾；双手应在上体前倾时自然下移或置于体侧；鞠躬时动作不能过快，要面带微笑；戴帽子时，应脱帽行鞠躬礼，用右手握住帽檐中央，将帽取下，左手垂下。

②训练目的：在讲解前规范使用。

（3）手指语。

①训练要点：在讲解中指示方向、引导时应采用掌心向上，五指并拢，摊开手掌的手势。切忌用一根手指指游客，这样会让游客产生受威胁、不被尊重的感觉。

用来表达导游员讲解的情感，使之形象化、具体化，即所谓的"情意手势"。如在说"我国的社会主义现代化建设一定会取得成功"时，可用握拳的手有力地挥动一下，既可渲染气氛，也有助于情感的表达。

用来指示具体的对象，即"指示手势"。如"现在我们来到了王府井大街，这里是北京最繁华的商业街。东边（用手指东边）是东安市场，西边（用手指西边）是百货大楼，这是王府井大街的心脏部分。"

用来模拟状物，即"象形手势"。如当讲到"有这么大的鱼"时，可用两手食指比一比；当讲到"五公斤重的西瓜"时，可用手比成一个球的形状。

②训练目的：在导游员讲解时规范、灵活使用。

（4）招手礼。

①训练要点：第一种是右手高于肩，低于头，掌心向前，轻轻地左右摇两下，表示问候、招呼。第二种是右手高举过头，掌心向前，轻轻摆一两下手，不要反复晃动，表示道别、送别。

②训练目的:在讲解中规范使用。

2．训练形式

(1) 教师示范。

(2) 2人为一组,互相演练。

(3) 导游讲解场景模拟训练。

①与游客初次见面时;对年龄或身份较高的游客;在机场或车站送行游客时规范使用握手语。

②假设你是一名导游员,在游客上车离开本地时,目送车辆离开并用标准的招手礼向游客道别。

③在下面这段讲解词中配合手指语的规范使用。

现在,大家请跟随小宁上前仔细观察这个照壁。大家请看,它除了精致的花纹雕饰和飞檐翘角之外,最气势非凡的便是这正面大大的"道"字和背面的"大道无为"四个字了。道教信奉的是道,那么大家认为,道到底是什么? 其实呀,对于这个问题仁者见仁,智者见智。(手势、眼神)

3．训练心得

_____

_____

_____

_____

▌▌∧ 实践操作

■ **活动目的**:根据本模块导游员、旅行社工作人员接待礼仪规范要素,梳理自身或身边人言行举止中存在的问题和短板。

■ **活动要求**:"四有"模式(有发现、有描述、有分析、有纠正)。

■ **活动步骤**:第一步:发现。

第二步:对发现的现象进行准确描述。

第三步:对现象存在的问题进行分析,找出原因。

第四步:提出对现象问题进行纠正的途径。

第五步:进行小组分享。

■ **活动评价**:教师从完整度、精细度、分析深入度、纠正的落地性程度及小组成员的参与度五个维度设定相应分值进行评价,并对各小组的整体表现进行点评。

拓展提升

禁用服务忌语

服务忌语是指服务行业的忌讳之语,即在服务时不宜使用和避免使用的词语。导游员在工作岗位上不宜使用的服务忌语主要有以下四类。

1. 不尊重之语

不尊重之语是指对游客个人不尊重的语言,尤其是与其身体条件、健康状况等特征有关的,如称残疾人为"残废"、称智障人为"弱智"等。

2. 不友好之语

不友好之语是指对游客采用不够友善甚至充满敌意的语言,如"我就是这个态度""我可不是为你个人服务的"等。

3. 不耐烦之语

在接待游客时,服务人员应表现出足够的耐心。要努力做到有问必答,答必尽心;百问不烦,百答不厌;不分对象,始终如一。当游客要求提供帮助时,绝对不能以"着什么急啊""别吵好不好"等来回答对方,也不能说"累死人了""真烦"等发泄、厌恶语句。

4. 不客气之语

服务人员对游客要杜绝使用不客气之语。如在游客提问时,不能说"不是告诉你了吗""你懂不懂"等。

项目总结

旅行社是存在于旅游活动主体(旅游者)和客体(旅游区)之间的中介体形式之一,是旅游业支柱产业之一,是连接旅游供给和旅游需求的纽带。

通过本项目内容的学习和训练,我们应在掌握丰富知识的基础上,领会旅行社工作人员礼仪接待的文化内涵,努力学习接待中的方法、技巧,不断总结、提炼,形成适合自己特长的礼仪接待风格。

项目训练

一、单选题(每题只有 1 个正确答案,请将正确答案前的字母填入题干中的括号内)

1. 旅游者要求不随团活动,导游员正确的做法是(　　)。

A. 尽量劝其随团活动　　　　　　B. 退给旅游者这部分综合服务费

C. 可以帮助其寻找出租车　　　　D. 可以不提醒用餐的时间和地点

2. 地方陪同导游员制作旅游活动日程的原则是（　　）。

A. 合理而可能　　　　　　　　　　　　B. 宾客至上、服务至上

C. 主随客变　　　　　　　　　　　　　D. 平等协商

3. 若海外游客提出想为希望工程捐款，导游员首先应（　　）。

A. 表示感谢并婉拒

B. 报告旅行社，在领导指示下积极协助

C. 表示欢迎，并带客人到民政部门办理相关手续

D. 接受捐赠，然后转交相关部门

4. 作为交谈一方的听众，下面哪一句话最入耳？（　　）

A. 你懂不懂呀？　　B. 你听懂没有？　　C. 你听明白没有？　　D. 我说清楚了吗？

5. 服务人员招呼别人时，应该（　　）。

A. 掌心向下　　　　　　B. 掌心向上　　　　　　C. 手掌直立　　　　　　D. 手掌向下

6. 握手的全部时间应控制在（　　）以内。

A. 1.1 秒钟　　　　　　B. 3 秒钟　　　　　　C. 5 秒钟　　　　　　D. 7 秒钟

7. 地陪对旅游者的第一次讲解的亮相是（　　）。

A. 致欢迎词　　　　　　B. 首次沿途导游　　　　　　C. 迎接服务　　　　　　D. 入店服务

8. 一般的旅游团，如果没有领队，可以（　　）商谈、核实日程。

A. 与团内有名望的旅游者　　　　　　　B. 与团内的几名男士旅游者

C. 与全团旅游者　　　　　　　　　　　D. 与任意的个别旅游者

9. 地陪服务规范中，属于迎接服务的是（　　）。

A. 市容游览服务　　　　B. 参观游览服务　　　　C. 入店服务　　　　D. 餐饮服务

答案：1. C　2. B　3. B　4. D　5. B　6. B　7. A　8. C　9. C

二、多选题（每题有 2 个或 2 个以上的正确答案，请将正确答案前的字母填入题干中的括号内）

1. 旅游者要求地方陪同导游员转递物品，地方陪同导游员正确的做法是（　　）。

A. 无论何种情况都婉言拒绝

B. 建议旅游者将物品亲自送交

C. 旅游者确有困难可以协助

D. 时间不允许，建议旅游者使用快递或邮寄业务

2. 地方陪同导游员欢迎词的内容一般包括（　　）。

A. 表示提供服务的工作态度　　　　　　B. 表示对旅游团的欢迎

C. 介绍全程陪同导游员　　　　　　　　D. 表达希望得到合作的诚挚愿望

3. 旅游者要求转递物品的正确处理的方法是（　　）。

A. 一般情况下，建议旅游者亲手递交物品

B. 如果是贵重物品，应断然拒绝

C. 如果是食品，应婉言拒绝

D. 如果要求将物品转递给外国驻华使馆及其人员时，应建议其自行处理

4. 接待礼仪分为（　　）（　　）和（　　）3 种。

A. 问候礼仪　　　　　B. 迎送礼仪　　　　　C. 服务礼仪　　　　　D. 招呼礼仪

5. 女士在接待中的首饰佩戴,原则是（　　）,不能比顾客戴得多,不能喧宾夺主。

A. 适合身份　　　　　B. 美观大方　　　　　C. 以少为佳　　　　　D. 雍容华贵

6. 一般而言,职业工作者应具备的基本礼仪素养主要涉及（　　）。

A. 仪态　　　　　　　B. 修养　　　　　　　C. 举止　　　　　　　D. 仪表

7. 为使购物活动顺利进行,地陪做法不正确的有（　　）。

A. 增加购物次数　　　　　　　　　　　B. 如果旅游团是外国团队,无须做翻译

C. 带旅游团到定点商店购物　　　　　　D. 不允许旅游者单独外出购物

8. 以下属于地陪的服务内容的有（　　）。

A. 迎接服务　　　　　B. 送站服务　　　　　C. 市容游览　　　　　D. 各站服务

9. 地陪导游员在为旅游者进行沿途风光讲解时,正确的做法有（　　）。

A. 讲解要有选择性　　　　　　　　　　B. 要善于借景生情

C. 注意讲解的同步性　　　　　　　　　D. 不解答旅游者的提问

答案:1. BCD　2. ABD　3. ACD　4. ABC　5. AC　6. ACD　7. ABD　8. ABC
9. BC

三、判断题(判断正误,并在题干中的括号内进行标注。正确的标注 T,错误的标注 F)

1. 地陪的接团准备主要有计划准备、知识准备、物质准备、心理准备和形象准备。
（　　）

2. 商定日程的原则是宾客至上、服务至上、合理而可能、客随主便以及平等协商。
（　　）

3. 旅游团队的结账通常有现结和计划拨款两种。（　　）

4. 员工在电梯里见面或与客人同乘时,应首先点头示意或问候"您好",下电梯时,请客人先行,示意或说"请"。（　　）

5. 与多人同时握手时,可以交叉握手。（　　）

6. 与他人交谈完毕就可以立即转身离开。（　　）

答案:1. T　2. F　3. T　4. T　5. F　6. F

项目七
景区接待岗位礼仪

🐼 项目目标

职业知识目标：

1.通过本项目教学内容的学习,理解景区接待岗位服务礼仪的重要作用。

2.掌握景区主要接待岗位的礼仪规范和素质要求。

职业能力目标：

1.通过本项目的礼仪规范训练,掌握提升景区服务质量的方法。

2.通过本项目的礼仪规范训练,能够在景区接待工作中较好地完成服务工作,提升顾客满意度。

职业素养目标：

1.学会景区接待人员需要的礼仪礼节,将自己培养成为合格的景区接待人员。

2.通过提供高质量的服务给游客留下良好的印象,进一步激发对职业的热爱。

🦋 知识导图

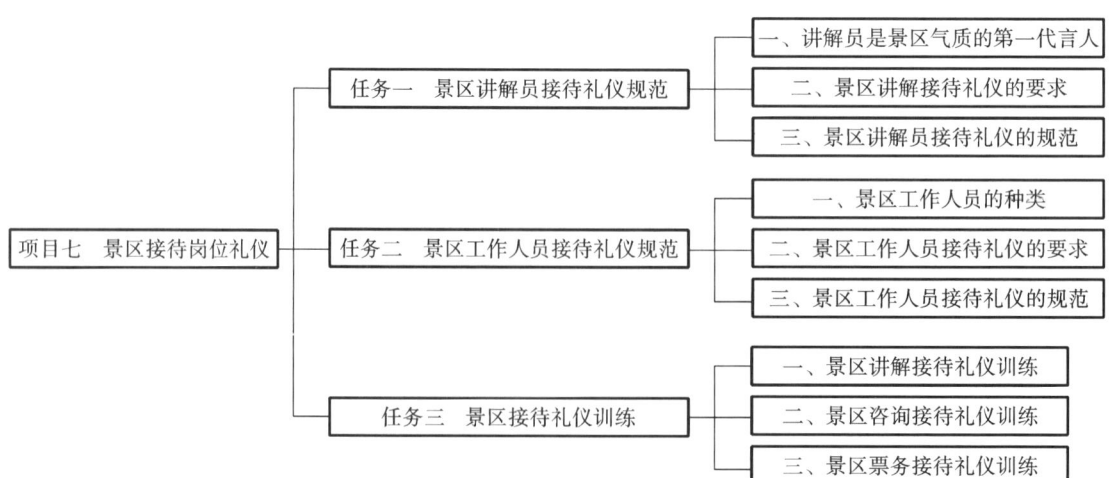

任务聚焦

1. 了解景区接待礼仪的重要作用。
2. 掌握岗位服饰的具体规范。
3. 掌握岗位举止的具体规范。
4. 养成良好的岗位服务语言习惯。
5. 提升景区服务岗位职业素养。

情景导入

　　苏州园林世界知名。南京的周先生一行人带着对苏州园林"姑苏风情、烟雨江南"水墨美景的满心憧憬来到景区,讲解员婷婷担任了此次讲解任务。婷婷五官清秀,接到任务后按部就班开始进行讲解。讲解中她面无血色显得无精打采,时不时从反光玻璃墙面不断拨弄着头发,梳理头发时发现涂的指甲油缺了一块,周先生一看到她便觉得没了最初的雅兴。为了不破坏气氛,周先生并没有立马更换讲解员,但心里总是觉得不舒服,最后周先生表达了对讲解人员服务的不满意。

　　案例分析:

　　作为游客,初到一个旅游景区,总希望讲解员的讲解能满足其对这个旅游景区的好奇心与求知欲望;通过讲解员的一言一行,通过情景交融的体验,渐渐去领略这个旅游景区的内涵和品位。服务形象是景区最好的名片,景区服务形象的好坏,直接影响着景区的形象和长远发展。标准的仪容规范和得体的服装能让讲解员的形象更易被游客接纳。

任务一　景区讲解员接待礼仪规范

任务引入

　　小李被派遣至一家4A级景区讲解接待部进行顶岗实习,讲解部经理要求小李在工作过程中努力提升服务水平与服务能力,将学校掌握的礼仪基础知识和讲解员实操结合起来,尽快熟悉景区讲解员的个人基本礼仪要求,更好地为广大游客提供优质的服务,努力提升景区服务形象,为创建5A级景区努力。在培训中给小李提出的学习要求如下。

　　(1)掌握景区讲解员岗位仪容的具体规范标准。

（2）掌握景区讲解员岗位服饰的规范标准，并能在职场中正确穿着。

（3）掌握景区讲解员岗位举止规范标准。

（4）养成良好的景区讲解员岗位服务语言规范习惯。

理论知识

一、讲解员是景区气质的第一代言人

（一）讲解礼仪规范

讲解礼仪规范是指景区讲解员向游客提供服务时表现出来的职业礼仪行为和标准的、规范的做法。

（二）打造讲解礼仪的作用

1. 提高文明修养

在社会交往中，礼仪往往可以反映一个人的修养。也就是说，通过一个人对礼仪的认识、灵活应用，可以观察其礼貌礼节及能力的高低程度。礼仪不是自发形成的，而是在社会交往中经过长期锻炼和培养逐渐得来的。景区讲解员学习、运用讲解礼仪，在提高个人修养的同时能够传播景区的文化内涵，从而促进游客团队的文明，促进景区文化的进一步提升。

2. 规范讲解行为

规范性是礼仪极为重要的特性。随着时代的发展和文明程度的稳步提高，游客朋友对景区讲解礼仪、讲解规范性的要求也随之提高。讲解礼仪中的标准化有助于景区讲解员规范讲解行为，更好地展示专业形象，更有效地运用口语和体态语，提高讲解服务内涵，提升游客的满意度，促进游客对景区的正面评价与积极宣传。

3. 美化景区形象

讲解员是景区接待服务的核心和纽带，是景区文化传播的重要载体，在游客眼里也是景区形象的代表，最能直接体现景区工作人员的素养。当讲解员能够重视自身的媒介作用、标志作用，工作中以礼相待，讲解礼仪真正成为讲解工作中的行为规范，并且得到公众的认可时，景区形象就会提升，游客满意度也会提高。

二、景区讲解接待礼仪的要求

（一）仪容要求

1. 发型发式

头发整洁、发型美观大方是个人礼仪对发式最基本的要求。若是对头发懒于梳洗,弄得自己蓬头垢面,发屑随处可见,是很破坏个人形象的;披头散发会给人没有精神的感觉,整洁美观的发式给人端庄的印象。景区讲解人员工作中,男性头发前不遮眉,侧不盖耳,后不触领;女性发式选择要与个人的年龄、发质、脸形、身高、胖瘦相匹配,与个人的气质、职业、身份相吻合,从而起到发挥个人优势的作用。

2. 面容的修饰

景区讲解员要注意面部清洁卫生以及皮肤的护理。面容、口鼻要保持清洁,口腔无异味。应注意修饰面部,使其容光焕发,健康充满活力。男性应每天剃须修面,女性应淡妆修饰。化妆的要求:一是要力求反映出个性气质,掩饰面部缺陷;二是要突出自然美,淡妆最佳;三是要讲求整体效果,力求和谐。女性讲解员的工作妆以淡雅、清新、自然为宜。

3. 表情

表情指人的面部神态,即通过眉、眼、嘴、鼻的动作以及脸部的微妙变化表达出来的人的内心情感的外在形式,是人的心理活动有意无意地流露与表现。表情信息,作用于游客的视觉,会引起游客思想情感的变化,产生相应的共鸣。自然亲切、目光平和、略展嘴角,是讲解礼仪对面部表情的基本要求。研究表明,真诚而发自内心的微笑常常能够强化有声语言,甚至化解人们之间的矛盾。讲解员要做到微笑迎客,主动热情。要相信,微笑是人类最美丽的语言。一个真诚、美好的微笑会给自己和游客带来愉快的一天。

4. 眼神

在人与人面对面的沟通和交流中,信息的交流常以目光的交流为起点。讲解时目光多用虚视法、环视法,眼光不能松散,切忌神游物外。可与游客进行一些视觉交流,眼神应自然、稳重、友善、诚恳、充满自信。讲解时,目光平视,焦点尽量落在后面的游客身上,同时兼顾他人,这是最基本的礼仪。在讲解过程中,根据表达内容的需要,讲解员应使目光富有相应的感情色彩,切忌麻木呆滞或过分夸张。切忌左顾右盼地乱扫,那样会分散游客的注意力。同时,目光也不要长时间聚焦一处,以散点柔视为宜。

5. 手部

手部常常露在服饰之外,极易被他人注意。因此,适时适度地保护和美化手部是十分必要的。景区讲解员要经常保持手部清洁,养成勤洗手、定期修剪指甲的良好习惯。人际交往中,清洁、柔软的手,能使对方增添好感。涂指甲油时对色彩的选择一定要谨慎为之,讲解员不宜涂抹颜色太过鲜艳的指甲油。

6. 个人卫生

讲解员应注意个人卫生,包括三勤五忌,三勤指勤洗澡、勤换衣裤,勤漱口;五忌指忌吃蒜、葱、臭豆腐、韭菜、萝卜,切忌给游客留下邋遢猥琐的印象。

(二)服饰要求

1. 服饰选择的基本原则

一是服饰的选择要与讲解员所处的景区环境相协调。二是服饰的选择要与讲解员的社会角色相协调。三是服饰的选择要与讲解员自身条件相协调。四是服饰的选择要与着装的时节相协调。

2. 服装的基本要求

(1)整洁合体。保持干净整洁,熨烫平整,穿着合体,纽扣齐全。

(2)搭配协调。款式、色彩相互协调;不同款式、风格的服装,不宜搭配在一起。

(3)体现个性。与个人性格、职业、身份、体型和肤色等相适应。

(4)随境而变。着装应随着环境的不同而有所变化。同一个人在不同时间、不同场合,其着装款式和风格也应有所不同。

(5)遵守常规。遵循约定俗成的着装规范。

3. 服装的不同分类

(1)职业套装。

在室内场馆进行讲解服务时多着职业套装。职业套装中,男士和女士服装大体相同,但男士以裤装为主(见图 7-1),女士以裙装为主(见图 7-2)。

①男士。男士职业套装一般为西装,主要包括上衣、西裤、衬衫、领带、腰带、袜子和皮鞋。上衣不宜太长,衣长以刚好到手自然下垂后的大拇指尖端的位置为宜。西裤裤线清晰笔直,裤脚前面盖住鞋面中央,后至鞋跟中央。长袖衬衫是搭配西装的唯一选择,颜色以白色或淡蓝色为宜;衬衫领子要挺括;衬衫下摆要放在裤腰内,系上领扣和袖扣;衬衫领口和袖口要长于西服上装领口和袖口 1—2 厘米;衬衫里面的内衣领口和袖口不能外露。系领带时领结要饱满,与衬衫领口吻合要紧;领带长度一般以系好后大箭头垂到皮带扣处为准。腰带扣应大小适中,样式和图案不宜太夸张。袜子应选择深色,切忌黑皮鞋配白袜子。袜口应适当高些,应以坐下跷起腿后不露出皮肤为准。皮鞋搭配造型简单规整、鞋面光滑亮泽的式样。如果穿深蓝色、灰色或黑色的西装,可以配黑色皮鞋;如果穿咖啡色西装,可以穿棕色皮鞋。

②女士。女士职业套装也多为西装,包括上衣、裙子、衬衫、鞋袜。上衣应平整挺括,较少使用饰物和花边,纽扣应全部系上。裙子以窄裙为主,裙子下摆在膝盖以上 3—6 厘米或膝盖以下 3 厘米,真皮或仿皮西装套裙不宜在正式场合穿着。衬衫以单色为最佳,衬衫下摆应束在裙腰之内,衬衫纽扣除最上一颗可以不系上,其他纽扣应系好。穿着西装套裙不要脱下上衣而直接外穿衬衫,衬衫内应当穿着内衣且不可显露出来。鞋子应为中跟皮鞋,袜子应是连裤袜,鞋袜款式应以简单为主,颜色应与西装套裙相搭配。

图 7-1　男士职业套装

图 7-2　女士职业套装

（2）休闲服装。

在进行户外讲解服务时多着休闲服装。休闲服装不分男女，包括运动上衣、裤子、轻便户外鞋。运动上衣多为带帽运动上衣，颜色鲜艳便于识别，胸前可绣上景区名称，内着棉质恤衫；运动裤装多为防雨布料，颜色与上装搭配合理，有时也可着简单牛仔裤；轻便户外鞋多为运动鞋，颜色简单干净，鞋底防滑耐磨，便于户外行走。

（3）民族服装。

在极具少数民族特色的景区，讲解员可着民族服装（见图 7-3）。服装要搭配完整合理，制作精细，符合当地少数民族穿着习惯，应有的饰物应合理搭配；在讲解过程中，讲解员的一言一行必须体现当地民族礼仪风貌和民族特色。

4. 饰品的佩戴

一般情况下，讲解员头部以不戴饰品为宜。讲解员应统一佩戴工作证和佩戴工号牌，女士施淡妆。不同类型的景区，乃至不同的时间和空间环境，对饰品佩戴有着不同的要求。

（1）着职业套装时，只佩戴手表和简单明了的耳钉即可。

（2）着休闲装时，佩戴手表即可。

（3）着民族服装时，应佩戴头饰、耳饰等相应的民族搭配。

图 7-3　民族服装

（三）举止要求

举止即人的动作、姿态等。规范得体的举止，应做到庄重而不呆板，自然而不随便。

1. 站姿

站立是讲解时最基本的姿势。"站有站相"是对一个人礼仪修养的基本要求。良好的站姿能衬托出美好的气质和风度。讲解员在站立时，要自然地挺胸收腹，身体与地面垂直，重心放在前脚掌，双肩放松，双臂自然下垂或在体前交叉。切忌憋气、耸肩、驼背等，给人一种压抑、消极、颓废的感觉。切忌手位不当，如双手插兜、叉腰，双手抱于胸前或脑后，双肘支于某处，两手托住下巴给人一种无礼、不屑的感觉。更不能下意识地做些小动作（掏耳朵、捋头发、挖鼻孔等），有失礼仪。图 7-4 所示为标准站姿。

图 7-4　标准站姿

2. 坐姿

端庄优美的坐姿，会给人以文雅、稳重、自然大方的美感。得体的坐姿应腰背挺直，肩部放松。女性应两膝并拢，男性膝部可分开一些，但不要过大，一般不超过肩宽。双手自然放在膝盖上或椅子扶手上。入座轻柔从容，起座端庄稳重，不可猛然起身或入座。上身与桌椅均保持一拳的距离，不可前贴桌边，后贴椅背；两脚不可交叉着地，或一前一后，不可向上跷"二郎腿"；谈话时上身与两腿应同时转向对方，双目正视说话者。

3. 走姿

行走是讲解过程中的主要动作，是一种动态的美。在引导游客参观的过程中，正确行走非常重要。讲解员在行走时，要注意步伐轻而稳，抬头挺胸，双肩放松，两眼平视，面带微笑，自然摆臂，同时注意保持与游客之间的距离，不能拉得太开。在室内讲解时，讲解员要面对游客退步走或侧身面对游客行走,直膝立腰,收腹收臀,挺胸稍抬头,步幅要小。在室外讲解时,讲解员一般走在游客右侧中间靠前位置,把主道留给游客,身体微侧,避免背对游客。注意户外穿平底鞋的走姿:速度要均匀,重心平稳,给人以轻松大方的印象。

4. 手势

讲解时的指示手势要规范、适时、准确、干净、利落、优美,做到眼到、口到、手到,简洁、协调,忌来回摆动、兰花指等。总之,讲解员在讲解过程中,应根据讲解内容在适当的时候适度地使用指示动作,切忌使用过重的肢体语言,过于做作的手势并不合乎礼仪规范的要求。图 7-5 所示为标准手势。

图 7-5 标准手势

(四)言语要求

1. 称谓用语

礼貌得体地称谓对方,是博得对方好感的第一步。称谓的语气要亲切、柔和,称谓的词语要恰当得体,即符合被称谓人的身份和心理。

习惯的称谓:称呼男士为先生,女性为女士。除此之外,还应掌握下列几种称谓模式。

(1)称长为尊。若是长辈、长者,应尊称老大爷、老奶奶、您老。对有影响力的老前辈,在其姓氏的后面加上"老"字,尊重的意义更进一步,如张老、李老。

(2)尊称职务。对上级或平级尊称其行政职务,如张部长、李秘书;对知识分子尊称其职称,如何教授、江工程师;上级对下级在正式场合要称职务、职称,在非正式场合也可称姓氏。

(3)分清主次。人际交往中同时需要对多人称呼时,在选择和使用称谓语言上要以先长后幼、先上后下、先疏后亲为宜。在公务交往场合,要先对领导称谓,然后才是同事间的彼此称呼,这样称谓才礼貌得体。

2. 问候用语

问候又称问好或打招呼,它主要适用于在与来宾、游客相见之初,彼此向对方询问安好,致以敬意,或者表达关切之意。

(1)标准式问候用语。您好!你好!各位好!大家好!

(2)时效式问候用语。早上好!中午好!晚上好!晚安!

3. 迎送用语

可分为欢迎用语与送别用语,二者分别适用于迎客之时或送客之际。如:欢迎!欢迎光临!见到您很高兴!再见!慢走!欢迎再来!

4. 致谢用语

在人际交往中,使用致谢用语,意在表达自己的感激之意。如:十分感谢!万分感谢!

多谢！

5. 征询用语

在讲解过程中，往往需要以礼貌的语言主动向游客进行征询。如：您贵姓？请指教！请问您有什么需要帮助的吗？等等。

6. 请托用语

在请求他人帮忙或是托付他人代劳时，应当使用请托用语。如：请、劳驾、拜托、请关照、打扰、借光等。

7. 道歉用语

道歉用语在使用时要根据不同对象、不同事件、不同场合认真选用，主要有：抱歉、对不起、请多原谅、失陪、不好意思、请多包涵、很惭愧等。被道歉时应礼貌地回答：没有关系、不要紧等。

三、景区讲解员接待礼仪的规范

（一）景区讲解员知识准备

（1）熟悉并掌握本景区讲解内容所需的情况和知识（基于景区的差异，可分别包括自然科学知识，历史和文化遗产知识，建筑与园林艺术知识，宗教知识，文学、美术、音乐、戏曲、舞蹈知识等，以及必要时与国内外同类景区内容对比的文化知识）。

（2）基于游客对讲解的时间长度、认知深度的不同要求，讲解员应对讲解内容做好两种或两种以上讲解方案的准备，以适应旅游团队或个体的不同需要。

（3）预先了解游客所在地区或国家的宗教信仰、风俗习惯，了解客人的禁忌，以便能够实现礼貌待客。

（二）景区讲解员接待开始时的服务要求

（1）代表本景区对游客表示欢迎。
（2）介绍本人姓名及所属单位。
（3）表达景区对提供服务的诚挚意愿。
（4）了解游客的旅游需求。
（5）表达希望游客对讲解工作给予支持配合的意愿。
（6）预祝游客旅游愉快。

（三）景区讲解员讲解内容的选取原则

（1）有关景区内容的讲解，应有景区一致的总体要求。
（2）内容的取舍应以科学性和真实性为原则。
（3）民间传说应有故事来源的历史传承，任何景区和个人均不得为了景区经营目的而随意编造。

（4）有关景区内容的讲解应力避同音异义词语造成的歧义。

（5）使用文言文时需注意游客对象；需要使用时，宜以大众化语言给予补充解释。

（6）对历史人物或事件，应充分尊重历史的原貌；如遇尚存争议的科学原理或人物、事件，则宜选用中性词语予以表达。

（7）讲解内容如系引据他人此前研究成果，应在解说中给予适度的说明，以利于游客今后的使用和知识产权的保护。

（8）景区管理部门应积极创造条件，邀请有关专家实现对讲解词框架和主体内容的科学审定。

（四）景区讲解员讲解的方法与技巧

（1）对景区的讲解要繁简适度；讲解语言应准确易懂；吐字应清晰，并富有感染力。

（2）要努力做到讲解安排的活跃生动，做好讲解与引导游览的有机结合。

（3）要针对不同游客的需要，因人施讲，并对游客中的老幼病孕和其他弱势群体给予合理关照。

（4）在讲解过程中，应自始至终与游客在一起活动；注意随时清点人数，以防止游客走失；注意游客的安全，随时做好安全提示，以防止意外事故发生。

（5）要安排并控制好讲解时间，以免影响游客的原有行程。

（6）讲解活动要自始至终使用文明语言；回答问题要耐心、和气、诚恳；不冷落、顶撞或轰赶游客；不与游客发生争执或矛盾。

（7）如在讲解过程中发生意外情况，则应及时联络景区有关部门，以期尽快得到妥善处理或解决。

任务二 景区工作人员接待礼仪规范

任务引入

小李在结束景区讲解员实习后，继续在该景区其他岗位进行顶岗实习。在票务岗位实习中，小李接待了来景区参观游览的管女士一行人，购买门票时有一位老人出示老年证，但小李发现老年证上日期不满60岁（实际情况差一个月），按要求是不能予以优惠的。于是小李将此事告知了经理，经理要求小李根据规定有礼有节、耐心、细心地向游客解释清楚。

通过这件事,小李更清楚景区工作人员接待礼仪规范的要求。

(1)掌握景区工作人员接待礼仪规范标准。

(2)掌握咨询接待服务礼仪规范标准,并能在实际工作中灵活运用。

(3)掌握票务服务礼仪规范标准,并能在实际工作中妥善解决问题。

理论知识

一、景区工作人员的种类

景区工作人员除讲解员外,还包括售票、检票、卡口、咨询、销售等岗位,本任务主要以游客中心咨询服务、票务服务、卡口管理服务为例讲解业务人员接待礼仪规范。

二、景区工作人员接待礼仪的要求

(一)礼貌用语规范

礼貌用语是指工作人员在服务过程中运用自谦、恭敬的语言及其特定的表达形式,恰当地使用礼貌用语,表现出工作人员的亲切、友好和善意,传递对服务对象尊重、恭敬的信息,有助于工作人员和服务对象相互理解。准确恰当地运用礼貌用语是对景区工作人员的一项基本要求。

(二)文明用语规范

工作人员在工作中使用文明用语既能表现出自身的良好文化素养、待客接物的友好态度,又能使游客产生亲切、温和之感。

1. 称呼恰当

在工作中的称呼恰当与否,不仅反映出工作人员的个人修养,而且客观地反映出工作人员对服务对象尊重与否。要从以下几个方面考量如何恰当称呼。

(1)称呼对象恰当。在工作中,一般使用正式场合的称呼。一是泛尊称,如"先生""女士""夫人""老师"等;二是职业称呼,如"司机师傅""医生同志"等;三是姓氏加上职务或职称,如"朱校长""李主任""钱局长"等;四是姓氏之后加上"老"或"前辈"等字样,一般用于称呼行业内得到公众普遍认可和尊重的前辈,如"杨老""江前辈"等。

（2）照顾语言习惯。

（3）在实际工作中称呼他人时，必须考虑服务对象的语言习惯、文化层次、地方风俗民情等因素。称呼有主有次。在工作中，称呼应当"面面俱到"，切忌只招呼几位，而冷落旁人，需要称呼多位服务对象时，一般要先长后幼、先女后男、先疏后亲、先上级后下级、先对离自己距离最近者称呼致意，然后根据距离远近轮流称呼服务对象。当然，也可以"各位""诸位""先生们、女士们"等称呼所有服务对象。

（4）称呼切勿犯忌。在称呼时，绝对忌用含有人身侮辱、种族歧视的称呼，如"眼镜""黑人"等都是忌讳的。也要根据对方身份使用称呼，如，对中年男女不要称"老伯伯""老太太"，又如现在一般称呼女性忌讳称"小姐"而称"女士"。

2. 语意清晰

工作人员语意清晰才能更好地向服务对象传递信息、交流感情。要做到语意清晰，应符合以下两个方面的基本规范。

（1）讲普通话。在接待工作中，除面对外宾及其他听不懂普通话的服务对象外，工作人员一定要从始至终讲普通话。

（2）发音正确。在接待工作中，工作人员在语音高低轻重和语速快慢两方面要控制有度，工作人员的音量强弱、语速快慢、语调高低、语气轻重等既要使服务对象听得清楚，又要使他们感觉舒适悦耳。同时不能念错别字，要注意声调的区别。

3. 表达准确

在接待工作中，要采用恰当词语，把自己的意思准确表达出来，既要清楚明白表达意思，又要照顾现场环境氛围以及对象情况等客观条件，而不能过于直白和冒昧。

4. 用词文雅

在遣词造句上要回避不雅之语，尽量选用文雅的词语，用词要力求谦恭、高雅，忌脏话、粗话、黑话、怪话与废话。文雅用语要避免词不达意，同时也要区分对象。

（三）行业用语规范

行业用语是指某一社会行业所使用的专门性用语，恰当的行业用语能更好地说明问题，并显示出服务人员的业务水平，赢得服务对象的信任与理解。

1. 基本原则

（1）三 T 原则。三 T 是英文 Tact、Timing、Tolerance 三个单词的缩写，分别是得体、特定时间和宽容之意。这要求业务人员在使用行业用语时，一定要察言观色、反应灵敏；选择好时机，分清对象和场合；耐心细致，设身处地为对方着想。

（2）适度原则。行业用语要真正运用得体，关键在于把握好分寸。与专业人士交谈时，一般需要多使用一些行业用语，与非专业人士交谈时，则应当有意识地少用专业用语。在接待工作中，工作人员可以适当地将行业用语和非行业用语搭配使用，既使听众听得懂，又让听众对工作人员的水平表示信服。

2. 具体应用

（1）要善用专业术语。根据每次的具体情况，深浅适当，多少合宜。

（2）要常用敬人之语。包括使用礼貌用语、文明用语以及自谦用语等，当然也应该使用得当。

（3）要禁用服务忌语。忌用不尊重之语，如称残障人士为"残废人"，称智障人士为"弱智"等；忌用不友好之语，如"我就是这个态度怎么着？""我可不是为你一个人服务的"等；忌用不客气之语，如"不是告诉你了吗？""你懂不懂？""不行"等。

三、景区工作人员服务礼仪的规范

（一）景区游客中心咨询服务礼仪规范

景区游客中心主要为游客提供相关咨询服务，包括景区及旅游资源介绍、景区形象展示、景区游览线路咨询、区域交通信息咨询、天气询问、住宿咨询、旅行社服务情况及注意事项询问等。

（1）游客中心服务人员应统一着装，佩戴统一的工号牌。

（2）游客中心服务人员在接受游客咨询时，应面带微笑，且双目平视对方，全神贯注，集中精力，以示尊重与诚意，专心倾听，不可三心二意。

（3）游客中心服务人员应有较扎实的旅游综合知识，对游客关于本地及周边区域景区情况的询问，要提供耐心、详细的答复和游览指导。

（4）游客中心服务人员答复游客的询问时，应做到有问必答，用词得当，简洁明了。

（5）游客中心服务人员接待游客时应谈吐得体，不得敷衍了事，言谈不可偏激，避免有夸张论调。

（6）游客中心服务人员接听电话应首先报上姓名或景区名称，回答电话咨询时要热情、亲切、耐心、礼貌，要使用敬语。

（7）游客中心服务人员如遇到暂时无法解答的问题，应向游客说明，并表示歉意，不能简单地说"我不知道"之类的用语。

（二）景区售票人员服务礼仪规范

景区票务服务是景区服务的重要环节，是景区服务水平的基本体现。因此，景区票务服务礼仪显得尤为重要。

（1）服务前，自检及互检仪容仪表。

（2）游客走近窗口，售票员应向客人微笑致意，并致问候语："欢迎光临"，耐心询问客人购买的票种和票数。

（3）售票员根据景区《门票价格及优惠办法》向客人出售门票，主动向客人解释优惠票价的享受条件，售票时做到热情礼貌、唱收唱付。

（4）售票结束时，售票员向客人说"谢谢"或"欢迎下次光临"等用语。

（5）向闭园前一小时内购票的游客提醒景区的闭园时间及景区内仍有的主要活动。

（6）主动解答游客的提问，做到百问不厌，杜绝与游客发生口角，能熟练使用普通话。游客出现冲动或失礼行为时，应保持克制态度，不能恶语相向。

（7）耐心听取游客批评，注意收集游客的建议，及时向上一级领导反映。

（三）景区卡口服务礼仪规范

景区卡口服务礼仪规范包括验票服务礼仪和入口导入服务礼仪。

1. 验票服务礼仪

（1）景区验票岗位工作人员，应保持良好的工作状态，精神饱满，面带微笑。

（2）游客进入景区时，应使用标准普通话及礼貌用语。

（3）验票人员对漏票、持无效证件的游客，要礼貌地耐心解释，说明无效原因，说服游客重新购票。

（4）残疾人或老人进入景区时，景区服务人员应予以协助。

（5）验票人员如遇闹事滋事者，应及时礼貌予以制止，如无法制止，立即报告有关部门。切忌在众多游客面前争执，引起景区入口秩序混乱。

2. 入口导入服务礼仪

入口导入服务礼仪主要指在出入口的队列管理服务礼仪，是景区服务的重要环节。根据游客的队形及验票人员人数的多少、站位，我们将入口导入服务分为以下几种。

（1）单列单人型。即指一名检票员为一列游客服务。这样操作，游客等待入园的时间难以确定，游客进入景区的视觉有障碍。服务礼仪的改进做法是：设置座位或护栏，标明等候时间。

（2）单列多人型。即指多名检票员为一列游客服务。这样操作，人工成本较高，且无法改善处于队列后端游客视线。服务礼仪的改进做法是：设置座位或护栏，队列从纵向改为横向。

（3）多列单人型。即指一名检票员为多列游客服务。这样操作，改善游客视线问题且员工人工成本较低，但是，队列后端的游客仍感觉视线较差。服务礼仪的改进做法是：外部队列位置从纵向改为横向，可在一定程度上改善游客的视线。

（4）主题或综合队列。主要是指多名检票员为迂回曲折的单队列检票。这样操作，游客的视觉感及进入景区的时间都得到改善，并且有信息展示空间和时间，适度降低了排队的枯燥感。服务礼仪的改进做法是：将单列队伍变成双列队伍。

任务三　景区接待礼仪训练

任务引入

　　"十一"黄金周期间,游客韩女士在三号观景点游客候车区对面拍照,并翻越警戒线,经理发现此行为后,要求小李立即进行阻止和劝导,但在劝导中要求小李做到以下几点。

　　(1)正确运用岗位语言礼仪规范标准。

　　(2)熟练运用岗位手势礼仪规范标准。

理论知识

一、景区讲解接待礼仪训练

　　在景区服务中,景区讲解员与游客接触时间最长,也是检查服务人员良好服务意识、良好服务礼仪的最主要窗口。

(一)工作站姿规范与训练

1. 训练环节

(1)站姿基本要求。

　　训练要点:挺胸收腹,腰直肩平,面带微笑,双肩舒展,双臂自然下垂或在体前交叉,两脚分开,与肩同宽,两眼平视,注意客人,以便随时为客人提供服务。

　　训练目的:规范站姿,让游客对员工及景区形成良好的第一印象。

(2)站姿的变化。

①站立较长时间时。

　　训练要点:双脚可以平分站立,并保持与肩宽,双眼平视,下颚微收,嘴唇紧闭,腰直肩平,表情自然,面带微笑。手的姿势可以是下垂式、前腹式或后背式。

　　训练目的:在迎接游客、与游客沟通时规范使用。

②车内讲解时。

训练要点:面对客人站立,但肩膀可适度倚靠车厢壁,也可用一只手扶着椅背或扶手栏,以保持身体的稳定。

训练目的:当在旅游车内进行讲解时规范使用。

③站得太累时。

训练要点:两腿微微分开,将身体重心移向左脚或右脚。

训练目的:帮助工作人员缓解长期站立的疲惫感。

2. 避免以下站姿

(1) 双脚分得太开。

(2) 交叉两腿而立。

(3) 一肩高一肩低。

(4) 松腹含胸。

(5) 一条腿不停地在地上画弧线。

(6) 将腿斜靠在马路旁的树干、招牌、墙壁和栏杆上。

(7) 不停地摇摆身子,扭捏作态。

(8) 勾肩搭背。

(9) 膝盖伸不直。

(10) 乱摇头,不停地摆手,舔嘴唇,掐胡子,抠鼻子和拧领带等。

3. 训练形式

学生 2 人一组面对面进行站姿练习,训练时,保持微笑,头顶一本或两本书,两膝夹住一本书,保持挺拔站姿一定时间。教师进行指导。

4. 训练心得

_____

_____

_____

_____

(二) 工作走姿规范与训练

1. 训练环节

(1) 一般走姿。

训练要点:方向明确,步幅适中,速度均匀,重心放准,身体协调,体态优美。

训练目的:要达到"行如风"的效果,要让游客感觉到讲解员的精神和干净利落。

(2) 陪同引导客人的走姿。

训练要点:除同一般走姿外,引领客人时,位于客人左侧前方 1 米左右位置,按客人的速度行进,不时用手势指引方向,招呼客人。

训练目的:为客人做引领,能让客人跟随讲解员的路线前进并能根据讲解员的指引和介绍等游览景点。

（3）陪同客人进出电梯的走姿。

训练要点：除同一般走姿外，尽量先客人一步进入、走出电梯。进入、走出电梯后，站立在电梯一侧，并示意客人进出。

训练目的：陪同客人进出电梯，帮助客人提供便利，获得更好的旅游体验。

2. 避免以下走姿

（1）挺胸腆肚，身体后仰。

（2）外八字或内八字，叉开双脚走。

（3）步幅太大，身子上下摆动。

（4）双手左右横着摆动。

（5）脚步拖泥带水，蹭着地走。

（6）耷拉眼皮或低着头走。

（7）手插口袋、双肩相抱、倒背双手。

3. 训练形式

学生以 3 人为一组，分别扮演讲解员和游客角色，进行模拟工作走姿训练。

4. 训练心得

_____

_____

_____

_____

（三）工作态势规范与训练

1. 训练环节

（1）手势训练。

①入口礼让。

训练要点：五指伸直并拢，手心不要凹陷，手与地面呈 45°，手心向斜上方，腕关节微曲，另一手自然下垂，面带微笑，目视游客。

训练目的：在展厅入口处常用的谦让礼姿势，让游客有亲切之感。

②手拿物品礼让。

训练要点：五指伸直并拢，从身体侧前方，由下向上抬起，抬至上臂离身体 45°的高度，然后以肘关节为轴，手臂由体侧向体前摆动，摆到手与身体相距 20 厘米处停住。面向游客，目视游客。

训练目的：当讲解员一手拿物品，另一手需要作出礼让手势时使用。

③介绍。

介绍是指讲解员用手势指示、引导观众的视线并向观众表示某种意思。

训练要点：a.实指。指向明确，指示的内容具体、详细。尽量避免遮挡观众的视线，指在图片的左下角或右下角的部位。在指有人物的图时，注意不可指在人物的面部。b.虚指。

指向明确,但指示的内容不十分具体,场面较大或视距稍远。c.泛指。手势指向可随着站位的移动而移动变化。

训练目的:在介绍展览中或景区内的实物、图片时使用,可根据站位不同、场面大小、展示空间大小进行适当调节。

④举手示意。

训练要点:a.面向对方(至少上身与头部要朝向对方),全身直立,在目视对方的同时,应面带笑容。b.致意时手臂自下而上向侧上方伸出,手臂既可以略有弯曲,也可以全部伸直。c.致意时必须将掌心面向对方,指尖朝上,切记不可伸开手指。

训练目的:当讲解员忙于工作又无暇分身时,举手示意可消除游客的被冷落感。

⑤挥手道别(见图7-6)。

训练要点:身体站直,目视对方,手臂前伸,掌心朝外,左右挥动。

训练目的:用于讲解结束时,能很好地体现讲解员的礼仪风貌,让讲解员与游客的最后一次接触完美收场。

(2)表情及其他示意礼仪训练。

①问好。

训练要点:目视对方,面带微笑,头部微点,同时致意:"您好!"语调温和轻缓,声音不能过大或过小。

训练目的:在迎接游客时使用,让游客感受到尊重。

②点头。

训练要点:上身微向前倾,目视对方,面带微笑,点头致意。

训练目的:在与游客视线相对时、在与游客交流时等情况下使用。

③微笑(见图7-7)。

图 7-6　挥手道别

图 7-7　微笑

训练要点:嘴角微微向上翘起,让嘴唇略呈弧形,在不牵动鼻子、不发出笑声、不露出牙齿的前提下,轻轻一笑。可默念英文单词Cheese、英文字母G或普通话"茄子"。

训练目的:真诚、发自内心的微笑让游客感受到讲解员的真诚、亲切。

④行礼。

训练要点:上身倾斜30°,手臂自然下垂或自然相握在腹前,平视游客,面带微笑。

训练目的:表达对游客的尊重。

⑤目光。

训练要点:面带微笑,注视对方的眼鼻三角区,且不要聚焦于一处,以散点柔视为宜,身体与对方处于相似的高度。

训练目的:在讲解进行时,讲解员向游客表示重视、友好或尊敬,并在与游客的交流中目视游客,增强沟通的效果。

2. 避免以下不恰当态势语言

紧闭双唇,撅起双唇,努嘴,撇嘴,咂嘴等;音调过高或过低;翻白眼;笑容僵硬;在别人讲话时闭眼、眨眼、挤眉弄眼、东张西望;下巴抬得过高。

3. 训练形式

(1) 每人准备一面镜子,训练微笑、目光时可面对镜子自行练习。

(2) 两人一组,面对面站立,交替训练手势、致意、鞠躬、问好,教师进行指导并评分。

4. 训练心得

_____

_____

_____

_____

二、景区咨询接待礼仪训练

游客中心是旅游景区内为游客提供信息咨询、游程安排、讲解、教育、休息等旅游设施和服务功能的专门场所,属于旅游公共服务设施,所提供的服务是公益性的或免费的。一个旅游景区的游客中心是一个景区旅游的起点,也是游客评估一个景区优劣的窗口,因此,游客中心的工作人员要随时注意自己的工作态度、服务水平、专业知识、敬业精神等。

(一) 训练环节

1. 电话咨询

训练要点:①必须先使用礼貌语言"您好",随后报出自己所在单位"这里是××景区"。②发声自然,忌用假嗓,音调柔和、热情、清脆、愉快,音量适中,带着笑容通话效果最佳。③认真倾听对方的讲话内容。为表示正在专心倾听并理解对方的意思,并不断报以"好""是"等话语作为积极的反馈。④重要的电话要做记录。⑤接听电话时,遇上客人问话,应用手势(手掌向下压压或点点头)表示"请稍等",或轻声告知现场咨询客人"请稍等"。

训练目的:在接听客人咨询电话时能耐心、热情、礼貌、负责任、专业地为客人提供帮助。

2. 当面咨询

训练要点:①必须先使用问候礼貌语言"您好",语音和缓,发音清晰,表达清楚明白。②在对话过程中,要面带笑容,做好回答问题的准备。③咨询时要给对方营造轻松的气氛,避免失礼和不敬。④认真倾听对方的提问内容。为表示正在专心倾听并理解对方的意思，应不断地以"好""是"等话语作为对客人的反馈和鼓励。⑤如客人咨询时间较长，应耐心听完。⑥如对方语气粗俗，应控制情绪，保持理智心态，过滤粗俗词语后，复述其中心内容，请对方确认。⑦做必要的记录。

（二）避免以下不恰当言行

（1）嘴不可太靠近话筒，给对方震动耳膜的声音或失真的声音都是不礼貌的行为。

（2）不要在办公场所长时间打私人电话，不要用电话聊天。

（3）不能将单位领导的私人电话号码和重要部门的电话号码随便告诉对方，尤其是私人住宅电话更不能随意透露。

（4）电话要轻拿轻放，"啪"的一声挂断电话是没礼貌、没教养的表现。

（5）"你别激动……你不要叫……你平静一点……"。

（6）"我不是为你一个人服务的。"

（7）"没看到我们有多忙吗，你先等一下。"

（8）"你最好……之前给我们打电话，否则我们就下班了。"

（三）咨询时常用文明用语

（1）"您好，需要帮忙吗？"

（2）"您好，这是××景区咨询员××为您服务。"

（3）"对不起，请再重复一遍。"

（4）"对不起，这个问题我现在无法回答，让我了解清楚再告诉您，请留下您的联系方式。"

（5）"感谢您打电话给××景区，希望能继续得到您的关注，谢谢！"

（6）"请您坐下，慢慢说。"

（四）训练形式

（1）分组练习，在训练中可以让学生自由选择话题，设置语言背景。

（2）学生演练。教师评价。

（五）训练心得

_____

_____

_____

_____

三、景区票务接待礼仪训练

景区票务接待礼仪训练主要从售票、验票服务进行岗位训练。景区票务服务人员应积极开展优质服务,礼貌待客,热情周到,售票处应公示门票价格及优惠办法,验票工作中应保持良好的工作状态,精神饱满,面带微笑。

(一)售票服务礼仪规范

1. 训练环节

(1)训练要点:①主动招呼游客,微笑对客,向客人致问候语:"欢迎光临"。②笑脸相迎,问候,耐心询问客人购买票种和票数。③售票时做到热情礼貌、唱收唱付,收钱、找零及出票时要唱票:"收您×元""找您×元""给您×张票,其中×张儿童票,×张成人票"。④售票结束时,售票员向客人说:"谢谢"或"欢迎下次光临"等用语。⑤耐心回答客人的提问,游客出现冲动或失礼时,应保持克制态度,不能恶语相向。⑥面对老年游客时,声音可稍大并语速稍缓,力求让游客能听清售票员表述,交流顺畅。

(2)训练目的:在售票环节,热情、礼貌、细心的服务能让游客迅速办理购票业务。

2. 避免以下不恰当言行

应坚决避免这些类似表述:"不知道""自己看""你是谁""牌子上写的有,你不会自己看""你必须先排队后买票"等等。

3. 咨询时常用文明用语

"欢迎光临,请问需要什么类型的票?""好的,收您×元。找您×元。给您×张票,儿童票有×张,成人票×张,老年优惠票×张,免票可直接到检票处。"

4. 训练形式

分组练习:2人一组,分饰不同角色,交替练习。

教师从旁指导并评价。

5. 训练心得

_____

_____

_____

_____

(二)验票服务礼仪规范

1. 训练环节

(1)训练要点。

①站立服务。保持正确的站姿,要端庄、自然、亲切、稳重。面对游客要文雅、自如、亲切。

②热情主动服务。在客人走到距验票口3米左右时,要行注目礼,用目光迎接客人。客人到验票口时,要彬彬有礼,主动招呼,亲切问候,如:"您好,请问您几位?"等。

③服务使用礼貌用语,要来有迎语,去有送声,语言清晰准确,声音动听。要熟练使用礼

貌用语十字(您好、谢谢、请、再见、对不起)。

④验票时,要双手接过客人递过来的票,验后双手将票还送给客人,并说"谢谢合作,请保管好您的票据"等敬语。

⑤唱票与清点人数时,声音要洪亮清楚,清点人数不能用手指指游客。

⑥对客人提出的询问详细答复,做到百问不厌,用词贴切,简洁明了,口齿清楚。

⑦在接待重要客人时,全体验票员要站立并向客人致意问候。

(2)训练目的。

让游客能在验票时配合验票员工作,顺利进行验票工作。亲切和缓的表情能缓和游客的不耐烦情绪。

2. 验票人员文明用语

(1)您好,请收好门票,景区内有×个景点需要验票。

(2)谢谢,欢迎下次光临。

(3)对不起,您的证件不符合免票规定,请到售票处补票,谢谢。

(4)请拿好票,往这边走,祝您玩得愉快!

3. 训练形式

角色扮演法:数人扮演游客等待验票,2—3人扮演验票员,模拟训练。

教师从旁指导和评价。

4. 训练心得

_____

_____

_____

_____

实践操作

■ **活动目的**:根据景区工作人员接待礼仪规范的要求,对景区工作人员进行跟踪记录,对比分析言行举止中的亮点,并针对存在的问题提出建议。

■ **活动要求**:"四有"模式(有发现、有描述、有分析、有纠正)。

■ **活动步骤**:第一步:进入景区进行发现。

第二步:对发现的现象进行准确描述。

第三步:对现象存在的问题进行对比分析,找出原因。

第四步:提出对现象问题进行纠正的途径。

第五步:进行小组分享。

■ **活动评价**:教师从完整度、精细度、分析深入度、纠正的落地性程度及小组成员的参与度五个维度设定相应分值进行评价,并对各小组整体表现进行点评。

拓展提升

景区接到投诉后,应准确记录投诉人姓名、投诉事由,并按相应格式填写景区旅游投诉登记表。受理时步骤如下。

(1) 倾听,让游客发泄。

(2) 致歉,要有真诚的态度。

(3) 收集信息。

(4) 提出解决的办法。

(5) 如果游客仍不满意,问问他们的意见,再协商解决。

(6) 后续跟踪服务。

(7) 善后工作处理。

项目总结

旅游景区是旅游业发展的最核心要素,景区品质直接影响到一个地区或者国家旅游业的发展水平和在国内、国际上的竞争力。与酒店、旅行社和交通工具等旅游要素相比,景区具有较强的不可替代性。

景点工作人员是景区旅游接待服务的纽带,是景区文化传播的媒介。景区服务的质量、景区产品的销售、景区形象的建立和推广,都可以在景区工作人员的身上来体现。优质的接待服务礼仪能对旅游景区的文化起到扩散或传播作用。如果景区工作人员接待服务礼仪规范,咨询准确,讲解质量高等,令游客感到满意,游客会认为物有所值,景区文化内容丰富。而且游客在满载而归后,以其亲身体验向亲朋好友积极宣传,也会扩大景区文化的影响。

通过本项目内容的学习和训练,我们应在掌握丰富知识的基础上,领会景区工作人员礼仪接待的文化内涵,努力学习接待中的方法、技巧,不断总结、提炼,形成适合自己擅长的礼仪接待风格。

项目训练

一、单选题(每题只有1个正确答案,请将正确答案前的字母填入题干中的括号内)

1. 讲解员引导旅客参观的过程中,对于走姿描述正确的是(　　)。

A. 间隔距离尽量拉开一点

B. 室外讲解时,走在游客右侧后面位置

C. 室内讲解时,不能面对旅客退步走

D. 户外穿平底鞋行走时要给人以轻松大方的印象

2. 礼貌得体地称谓对方,能获得较好的第一印象。以下称谓不合适的是(　　)。

A. 老大爷　　　　B. 您老　　　　C. 美女　　　　D. 李老师

3. 景区讲解员讲解内容的选取原则不包含(　　)。

A. 按照景区的总体要求　　　　　　B. 历史事件新编

C. 符合科学性和真实性　　　　　　D. 可选取文言文

4. 景区工作人员行业用语规范中的"三 T 原则"不包含(　　)。

A. 机智　　　　B. 时间　　　　C. 真实　　　　D. 宽恕

5. 景区工作人员要做到(　　),才能更好地向服务对象传递信息、交流感情。

A. 温文尔雅　　　B. 语意清晰　　　C. 认真仔细　　　D. 风趣幽默

6. 景区售票员向客人出售门票时,应热情礼貌,(　　)。

A. 微笑致意　　　B. 谦虚谨慎　　　C. 包容有耐心　　　D. 唱收唱付

7. 景区工作人员关于站姿要领描述正确的是(　　)。

A. 交叉两腿而立　　B. 高低肩站立　　C. 挺胸收腹　　D. 斜靠墙壁

8. 景区工作人员引领客人时,位于客人左侧前方(　　)左右位置,按客人速度行进,不时用手势指引方向,招呼客人。

A. 200 m　　　　B. 500 m　　　　C. 1 m　　　　D. 1.5 m

9. 景区工作人员介绍手势时,在指向有人物的图时,注意不可指在人物的(　　)。

A. 身体　　　　B. 面部　　　　C. 人物背景　　　D. 人物四周

答案:1. D　2. C　3. B　4. C　5. B　6. D　7. C　8. C　9. B

二、多选题(每题有 2 个或 2 个以上的正确答案,请将正确答案前的字母填入题干中的括号内)

1. 景区讲解员须在工作中提高自身文化修养,这样会产生(　　)的积极作用。

A. 传播景区文化内涵　　　　　　B. 促进游客的团队文明

C. 增加收入　　　　　　　　　　D. 促进景区文化的提升

2. 讲解员服饰选择应遵循的原则是(　　)。

A. 与景区环境相协调　　　　　　B. 与社会角色相协调

C. 与自身条件相协调　　　　　　D. 与着装时节相协调

3. 景区讲解员接待开始时的服务要求有(　　)。

A. 对游客表示欢迎　　　　　　　B. 介绍本人姓名及单位

C. 表达可能照顾不周的歉意　　　D. 了解旅客的旅游需求

4. 景区实际工作中,称呼他人要做到(　　)。

A. 由近及远　　　B. 先疏后亲　　　C. 先小后大　　　D. 先女后男

5. 景区工作人员在使用行业用语时,应注意(　　)等方面。

A. 察言观色　　　B. 分清场合　　　C. 擅用自谦用语　　D. 使用旅客昵称

6. 游客中心服务人员答复游客的询问时,应做到(　　)。

A. 有问必答

B. 简洁明了

C. 对于无法解答的问题,可准确告知"我不知道"

D. 用词得当

7. 景区讲解工作中,目光的恰当使用,可让游客感受到(　　)。

A. 重视　　　　　　　B. 友好　　　　　　　C. 感恩　　　　　　　D. 尊敬

8. 景区工作人员在游客当面咨询时,应注意(　　)等方面。

A. 使用问候语言"您好"　　　　　　　B. 要给对方严肃的回应气氛

C. 面带笑容,做好回应的准备　　　　　D. 不断以"好、是"回馈游客

9. 验票工作中,以下哪些说法是正确的?(　　)

A. 可保持标准坐姿进行工作,且端庄、自然、亲切

B. 双手接递客人票款

C. 接待重要客人时,全体验票员要站立并致意

D. 客人在验票口三米左右时,行注目礼

答案:1. ABD　2. ABCD　3. ACD　4. ABD　5. ABC　6. ABD　7. ABD　8. ACD

9. BCD

三、判断题(判断正误,并在题干中的括号内进行标注。正确的标注 T,错误的标注 F)

1. 讲解员在岗位中应尽量不吃刺激性气味强的食物,如洋葱、榴莲、韭菜等。(　　)

2. 景区管理员是景区接待服务的核心,是景区文化输出的重要载体。(　　)

3. 女性发式选择要与个人的年龄、发质、脸形、身高、胖瘦相匹配。(　　)

4. 游客进入景区时,可交叉使用普通话和方言为游客进行引导。(　　)

5. 游客中心服务人员在接受游客咨询时,应面带微笑,且双目平视对方,全神贯注,集中精力,以示尊重与诚意,专心倾听,不可三心二意。(　　)

6. 对闭园前一小时内购票的游客应督促游客尽快入园游览参观。(　　)

7. 要达到"行如风"的效果,工作中需要偏快速一点行进,给游客带来一种干练的印象。(　　)

8. 电话咨询时,嘴不可太靠近话筒。(　　)

9. 景区接到投诉时,应第一时间上报领导并找到问题人问责。(　　)

答案:1. T　2. F　3. T　4. F　5. T　6. F　7. F　8. T　9. F

参 考 文 献

[1] 贾晓龙.旅游服务礼仪[M].北京:清华大学出版社,2012.
[2] 徐兆寿.旅游服务礼仪[M].北京:北京大学出版社,2013.
[3] 熊鹤群.旅游礼仪实务教程[M].武汉:华中科技大学出版社,2016.
[4] 庄剑梅.旅游接待人员规范[M].郑州:郑州大学出版社,2015.
[5] 张力.旅游职业礼仪与交往[M].北京:教育科学出版社,2016.

教学支持说明

中等职业教育旅游类示范院校"十四五"规划教材系华中科技大学出版社重点规划教材。

为了改善教学效果,提高教材的使用效率,满足授课教师的教学需求,本套教材备有与教材配套的教学课件(PPT 电子教案)和拓展资源(案例库、习题库等)。

为保证本教学课件及相关教学资料仅为教材使用者所得,我们将向使用本套教材的授课教师和学生免费赠送教学课件或者相关教学资料,烦请授课教师和学生通过电话、邮件或者加入旅游专家俱乐部 QQ 群等方式与我们联系,获取"教学课件资源申请表"电子文档,并准确填写后发给我们,我们的联系方式如下:

地址:湖北省武汉市东湖新技术开发区华工科技园华工园六路

邮编:430223

电话:027-81321911

E-mail:lyzjjlb@163.com

旅游专家俱乐部 QQ 群号:1005665955

华中科技大学出版社
http://press.hust.edu.cn

教学课件资源申请表

填表时间：_____年____月____日

以下内容请按实际情况写，以详尽、字迹清晰为盼，☆为必填项，如方便请惠赐名片！

☆教师姓名		☆性别	□男□女	出生 年月		☆ 职 务	
						☆ 职 称	□教授　□副教授 □讲师　□助教
☆学校			☆院/系				
☆教研室			☆专业				
☆办公电话		家庭电话			☆移动电话		
☆E-mail (请清晰填写)				Q Q			
☆联系地址				邮编			

☆现在主授课程情况		学生 人数	教材所属出版社	教材满意度
课程一				□满意　□一般　□不满意
课程二				□满意　□一般　□不满意
课程三				□满意　□一般　□不满意
其 它				□满意　□一般　□不满意

教材或学术著作出版信息

方向一		□准备写　□写作中　□已成稿　□已出版待修订　□有讲义
方向二		□准备写　□写作中　□已成稿　□已出版待修订　□有讲义
方向三		□准备写　□写作中　□已成稿　□已出版待修订　□有讲义

请教师认真填写表格下列内容,提供索取课件配套教材的相关信息,我社根据每位教师填表信息的完整性、授课情况与索取课件的相关性,以及教材使用的情况赠送教材的配套课件及相关教学资源。

ISBN(书号)	书名	作者	索取课件 简要说明	学生人数 (如选作教材)
7-5609- (　　　)			□教学　□参考	
7-5609- (　　　)			□教学　□参考	

您对配套课件的纸质教材的意见和建议：